LES FRANÇAIS AU CANADA.

IN 8°. — 2me SÉRIE.

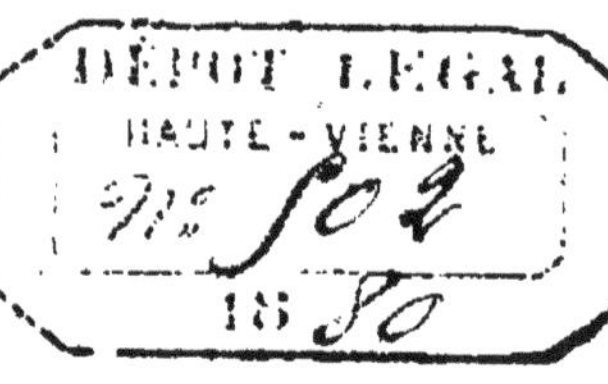

LES FRANÇAIS

AU CANADA

HISTORIQUE DE CETTE ANCIENNE COLONIE

(1562-1763)

PAR F. TEISSIER.

LIMOGES

F. F. ARDANT FRÈRES,
11, Avenue du Midi.

PARIS

F. F. ARDANT FRÈRES,
4, quai du Marché-Neuf.

LES

FRANÇAIS AU CANADA.

CHAPITRE PREMIER.

Causes qui empêchèrent les Français pendant longtemps de former des établissements dans le Nouveau-Monde. — Ils tournent leurs vues vers le Canada. — Mœurs des sauvages qui habitaient le Canada.

En 1550 l'Espagne pouvait se dire maîtresse de l'or du Nouveau-Monde, du Mexique, du Pérou et de toute l'Amérique méridionale. Après une longue suite de victoires, de défaites, de fautes, de conquêtes et de pertes, les Portugais conservèrent de beaux établissements dans l'Afrique, dans l'Inde et au Brésil. La France, au moment de toutes ces découvertes, n'avait pas encore pensé qu'on put fonder des colonies, et que des possessions dans les pays éloignés fussent de quelque utilité.

Toute son ambition était alors tournée vers l'Italiè, et des prétentions fort anciennes sur le Milanais avaient entraîné cette puissance dans des guerres ruineuses, qui l'occupèrent fort longtemps. De plus, des troubles intérieurs se faisaient sentir et la détournaient complètement de l'idée d'aller conquérir des possessions dans les Indes.

L'autorité des monarques n'était pas contestée d'une manière formelle ; mais on lui résistait. La machine du gouvernement était compliquée. Pour la conduire il fallait toucher une foule de ressorts délicats. La Cour était obligée de recourir souvent aux moyens honteux de la faiblesse, à l'intrigue et à la séduction, ou d'employer les armes odieuses de l'oppression, en un mot la nation négociait avec le prince. La France laissa donc les Espagnols et les Portugais découvrir des mondes nouveaux, et dicter des lois à des nations inconnues jusqu'alors.

Un seul homme lui ouvrit enfin les yeux : ce fut l'amiral de Coligny, un des génies les plus actifs et les plus fermes qui aient jamais illustré ce royaume puissant. En 1562, ce grand politique, citoyen jusques dans l'horreur des guerres civiles, envoya un nommé Jean Ribaud dans la Floride. Cette immense contrée de l'Amérique septentrionale s'étendait depuis le Mexique jusqu'au pays que l'Angleterre posséda sous le nom de Caroline. Les Espagnols l'avaient parcourue en 1512 ; mais sans s'y établir. On ne sait quel est le motif qui leur fit abandonner cette découverte.

Sur la foi d'une vieille tradition, tous les Indiens habitant les Antilles, croyaient que le continent possédait une fontaine dont les eaux avaient la vertu de rajeunir les vieillards assez heureux pour en boire. La chimère de cette immortalité humaine enchanta l'imagination romanesque des Espagnols, et la disparition de plusieurs d'entre eux qui furent victimes de leur crédulité, n'ébranla point pour cela une grande confiance qui régnait parmi les autres. Plutôt que de croire que les premiers avaient péri dans un voyage où la mort était le but le plus certain, on pensa que s'il ne reparaissaient plus, c'était parce qu'ils avaient trouvé la jeunesse éternelle et un séjour de délices d'où l'on ne voulait ou ne pouvait plus sortir.

Le plus célèbre entre les navigateurs qui s'infatuèrent de cette rêverie chimérique, fut Ponce de Léon. Persuadé profondément qu'il existait un troisième monde dont la conquête devait être réservée à sa gloire, et **croyant** que ce qui lui restait de vie était trop peu pour la carrière immense qui devait se dérouler devant ses pas, il résolut d'aller renouveler ses jours et chercher la provision de jeunesse qui lui était nécessaire. Aussitôt il mit le cap sur les climats où la fable avait placé cette fontaine de Jouvence, et trouva la Floride, d'où il revint à Porto-Rico sensiblement plus vieux qu'il n'en était parti. C'est ainsi que s'immortalisa le nom d'un aventurier qui ne fit une véritable découverte qu'en courant après une chimère. Il eut le sort de l'alchimiste qui cherche de l'or qu'il ne trouve pas, et qui rencontre un chose précieuse qui n'était pas l'objet de ses études. La différence entre les hommes de génie et le vulgaire, c'est que ceux-là savent pressentir et chercher ce que celui-ci cherche quelquefois. C'est le lapidaire qui met le prix au diamant que le laboureur a déterré sans le connaître.

Les Espagnols avaient méprisé la Floride parce qu'ils n'y avaient trouvé ni la fontaine qui devait leur donner une jeunesse éternelle, ni l'or qui hâte notre vieillesse. Les Français y découvrirent un trésor bien plus précieux; c'était un ciel toujours serein, une terre pleine de végétation, un climat tempéré et des sauvages amis de la paix et de l'hospitalité, vertu pratiquée par excellence parmi eux

Ce fut pour se procurer les moyens de tirer un parti convenable de tant d'avantages que Ribaud traversa de nouveau les mers. Si les ordres de ce guide intelligent eussent été suivis, si l'on eût défriché un sol qui n'attendait que des bras nerveux, si on avait maintenu la subordination, si les droits des naturels n'avaient pas été violés on eût pu fonder une colonie dont l'avenir aurait été brillant. Mais la légèreté Française ne permettait pas autant de sagesse. On prodigua les vivres, les champs ne furent pas cultivés, l'autorité des chefs fut méconnue, la fureur de la guerre et de la chasse s'empara de tous les esprits, et les Indiens n'éprouvèrent que mépris et cruauté de la part des dominateurs. Une telle conduite fut punie comme elle méritait de l'être. Toutes les calamités possibles affligèrent la colonie naissante. Pour s'y soustraire on résolut de reprendre la route de l'Europe; mais les vaisseaux manquaient, et les mêmes aventuriers qui n'avaient pas eu le courage d'être honnêtes cultivateurs pour avoir du pain, eurent l'audace d'entreprendre la construction d'un navire sans avoir jamais manié un outil, sans aucun des secours que les gens de l'art auraient exigés. On façonna d'une manière difforme les bois qui tombaient sous la main; la mousse tint lieu d'étoupes pour le calfatage ; les chemises et les draps de lits furent convertis en voiles ; les écorces d'arbres devinrent cordages et le bâtiment fut lancé à l'eau pour voguer sur l'Océan.

Peu de temps après le départ, survint un long calme et les vivres manquèrent. Le désespoir s'empara de tous, et on arrêta qu'un des émigrants serait tué pour sauver les autres, s'il était possible. Le sort allait décider du choix de la victime, lorsqu'un soldat nommé Lachau offrit sa vie pour reculer de quelques jours la mort de ses compagnons. Son offre généreuse fut acceptée. On l'égorgea, on but son sang et on dévora ses membres. La boucherie allait devenir plus sanglante, lorsque tout à coup on aperçut une frégate anglaise sur laquelle était un Français, parti de la Floride avec Ribaud. On sut par lui que le brave Laudonière, qui avait été du premier voyage, arrivait avec trois navires, de l'argent, des troupes, et enfin tout ce qu'il fallait pour fonder une colonie puissante. Les plus faibles furent complètement rassurés, leur courage se ranima. Tous reprirent gaîment le chemin du poste si lâchement abandonné. Anciens et nouveaux colons construisirent, avec l'entrain particulier à leur nation, le fort Caroline, sur les rives du Mai, à deux lieues de la mer et dans une situation plus favorable que celle qui avait été choisie auparavant pour Charles-Fort. Ces travaux étant terminés, de nouveaux désordres, semblables à ceux qui avaient tout perdu, recommencèrent.

Pour comble de malheur, les troubles qui désolaient la France à cette époque détournèrent les regards des sujets d'une entreprise où l'Etat n'avait jamais jeté la vue. La religion réformée avait fait de grands progrès, de là les troubles incessants qui désolèrent le sol français, pendant qu'en Espagne, Philippe II, tout occupé de l'Amérique, accoutumé à s'en attribuer la possession exclusive, instruit des tentatives de quelques Français pour s'établir, fit partir de Cadix une flotte pour les exterminer. Meneudez qui la commandait, arrive à la Floride, il y trouve les ennemis qu'il cherchait établis au fort Caroline, les attaque tous dans leurs retranchements, l'épée à la main et en fait un massacre horrible. Tous ceux qui échappèrent au carnage furent pendus à un arbre avec cette inscription : « Non comme Français, mais comme hérétiques. »

Loin de songer à la vengeance de cet outrage, Charles IX se réjouit secrètement de l'anéantissement d'un projet qu'il avait approuvé, mais qu'il n'aimait pas, parce qu'il avait été imaginé par le chef des huguenots. L'indignation publique ne fit que l'affermir dans la résolution de ne témoigner aucun ressentiment. Il fut réservé à un simple particulier de faire le devoir de l'Etat.

Dominique de Gourgue, né à Mont-de-Marsan, dans la Gascogne, habile et hardi navigateur, ennemi acharné des Espagnols, dont il avait reçu des outrages personnels, aimant passionnément sa patrie, homme entreprenant pour les expéditons périlleuses afin d'acquérir la gloire, vend son patrimoine, fait construire des vaisseaux, et choisit des compagnons dignes de lui; puis il va attaquer les meurtriers dans la Floride. En peu de temps il les pousse de poste en poste avec une activité et une valeur incroyables. Les Espagnols sont battus partout, et, enfin la dérision fut opposée à la dérision, Dominique de Gourgue fit pendre les survivants aux mêmes arbres, sur lesquels l'inscription suivante était attachée : « Non comme Espagnols ; mais comme assassins. »

Si les Espagnols s'étaient contentés de massacrer les Français, assurément ces horribles représailles n'auraient pas eu lieu.

L'expédition du brave de Gourgue n'eut pas d'autres suites, soit qu'il manquât de provisions pour rester dans la Floride, soit qu'il prévit qu'il ne lui viendrait aucun secours de France, soit qu'il crut que l'amitié des sauvages ne lui resterait qu'autant qu'il aurait les moyens de l'acheter, ou qu'il pensât que les Espagnols, en nombre, viendraient l'accabler. Il fit sauter les forts conquis et reprit la route de sa patrie. Il y fut reçu par ses compatriotes avec toute l'admiration qui lui était due ; mais la Cour ne voulut pas le regarder.

Depuis l'année 1567 que l'intrépide Gascon avait évacué la Floride, les Français oublièrent le Nouveau-Monde. Enfin le généreux Henri toucha l'âme de ses sujets, il pleura sur leurs maux, leur apprit à les sentir en ôtant les armes des mains, et les fit consentir à vivre en paix sous l'égide de ses lois paternelles. Alors la nation, tranquille et libre désormais, conçut des projets utiles. On s'occupa de la formation des colonies. Naturellement, les premières idées devaient se tourner vers la Floride. A l'exception du fort Saint-Augustin, construit autrefois par les Espagnols, à douze lieues de la colonie française, les Européens ne possédaient pas un seul établissement dans ce beau pays. Les habitants n'étaient pas à redouter ; tout annonçait la fertilité du sol, il passait même pour riche en mines d'or et d'argent, parce qu'on y avait trouvé de ces métaux sans qu'on soupçonnât qu'ils provenaient sans doute de quelques navires jetés sur les côtes par la tempête. Le souvenir des grandes actions que quelques Français y avaient faites ne pouvaient pas encore être effacé. Il est probable qu'on craignit d'aigrir l'Espagne, qui n'était pas disposée à souffrir un établissement étranger dans le golfe du Mexique, ou seulement dans le voisinage. Le danger qu'il y avait à provoquer un peuple si puissant dans le Nouveau-Monde, inspira la résolution de s'éloigner de lui le plus qu'il serait possible. Par conséquent, les contrées plus septentrionales furent préférées. La route en était tracée d'avance.

François Ier y avait envoyé en 1523 le Florentin Verazanni, qui ne fit qu'observer l'île de Terre-Neuve et quelques côtes du continent, mais sans s'y arrêter.

Onze ans après, Jacques Cartier, habile navigateur de Saint-Malo, reprit les projets de Verazanni. Les deux nations qui avaient débarqué les premières au Nouveau-Monde crièrent à l'injustice en voyant qu'on y courait sur leurs traces.

« Eh, quoi ! dit François Ier, le roi d'Espagne et le roi de » Portugal partagent tranquillement entre eux toute l'Amé- » rique sans souffrir que j'y prenne part comme leur frère ! » Je voudrais bien voir l'article du testamment d'Adam qui » leur lègue ce vaste héritage ! »

Cartier alla plus loin que son prédécesseur. Il entra dans le fleuve Saint-Laurent ; mais après avoir échangé quelques marchandises européennes contre des pelleteries, il se rembarqua pour la France où , par légèreté, on oublia une entreprise qui semblait n'avoir été faite que par imitation .

Fort heureusement les Normands, les Bretons, et les Basques continuèrent à faire la pêche de la morue sur le grand banc, le long des côtes de Terre-Neuve et dans tous les parages voisins. Ces hommes intrépides , qui acquirent ainsi de l'expérience, servirent de pilotes aux aventuriers qui, depuis 1598, tentèrent de fonder des colonies dans ces contrées désertes. Aucun de ces premiers établissements ne prospéra, parce qu'ils furent tous dirigés par des compagnies exclusives, qui n'avaient ni les talents nécessaires pour choisir les meilleures positions, ni les fonds suffisants pour attendre le retour de leurs avances. Un monopole remplaça un monopole ; mais ce fut en vain ; c'était toujours avec une avidité sans vues et sans moyens. Toutes ces associations différentes se ruinaient l'une après l'autre sans que l'Etat gagnât à leur perte. Tant d'expéditions avaient consommé plus d'hommes, d'agent et de vaisseaux qu'il n'en coûtait à d'autres puissances pour fonder de grands empires.

Enfin Samuel de Champlain remonta bien avant dans le fleuve Saint-Laurent, et jeta sur ses bords en 1608 les fondements de Québec, le berceau, le centre et la capitale de la Nouvelle-France, ou pour mieux dire du Canada.

L'espace illimité qui s'ouvrait devant cette colonie offrait aux premiers regards, des forêts sombres, épaisses et profondes, dont la grosseur et la hauteur des arbres attestaient l'ancienneté. Des rivières sans nombre venaient de loin arroser ces pays immenses, l'espace inoccupé était parsemé d'une multitude de lacs. On en comptait quatre, dont la circonférence mesurait de deux à cinq cents lieues. Ces espèces des mer intérieures communiquaient entre elles, et leurs eaux, après avoir formé le fleuve Saint-Laurent, allaient grossir considérablement le lit de l'Océan. Tout, dans cette région vierge du Nouveau-Monde, portait l'empreinte de la puissance majestueuse de Dieu. La nature y développait un luxe de fécondité, une magnificence qui commandaient la vénération et le respect le plus profond à l'égard du Créateur. Les sites sauvages surpassaient de beaucoup les beautés artificielles de nos climats. Les peintres et les poètes à cette vue auraient senti leur imagination s'exalter et se remplir de ces idées qui deviennent ineffaçables dans la mémoire des hommes. Cette température qui par la position du climat devait être délicieuse, ne perdait rien de sa salubrité par la rigueur d'un froid long et violent. Ceux qui n'attribuent cette singularité qu'aux bois, aux sources, aux montagnes dont ce pays et couvert, n'ont pas tout considéré. D'autres observateurs ajoutent à ces causes du froid l'élévation du terrain, un ciel tout aérien et rarement chargé de vapeurs, la direction des vents qui viennent du nord au midi par des mers éternellement glaciales.

Les habitants de cet âpre climat étaient cependant peu vêtus. Un manteau de buffle ou de castor, serré par une ceinture de cuir, une chaussure de peau de chevreuil, tel était leur habillement avant leur commerce avec nous. Ce qu'ils y ont ajouté de plus depuis a toujours excité les lamentations de leurs vieillards sur la décadence des mœurs.

Peu de sauvages connaissaient la culture, encore n'était-ce que celle du maïs qu'ils abandonnaient aux femmes, comme indigne des soins de l'homme indépendant. Leur plus vive imprécation contre un ennemi mortel, c'était qu'il fut réduit à labourer un champ. Quelques fois ils s'abaissaient jusqu'à la pêche ; mais leur vie et leur gloire étaient la chasse. Toute la nation y allait comme à la guerre ; chaque case, chaque famille comme à sa subsistance. On se préparait à cette expédition par des jeûnes austères, et on ne marchait qu'après avoir invoqué les dieux. On ne leur demandait pas la force de terrasser les animaux, mais seulement le bonheur de les rencontrer. Hormis les vieillards arrêtés par la décrépitude, tous se mettaient en campagne, les hommes pour tuer le gibier, les femmes pour le porter et le sécher. De l'avis de ce peuple, l'hiver était la belle saison de l'année : l'ours, le chevreuil, le cerf et l'original ne pouvaient fuir avec toute leur vitesse à travers quatre ou cinq pieds de neige. Ces sauvages, que n'arrêtaient ni les ronces, ni les ravins, ni les étangs, ni les rivières les plus profondes et qui dépassaient à la course la plupart des animaux légers, faisaient rarement une chasse malheureuse ; lorsque le gibier manquaient on vivait de glands ; au défaut de glands on se nourrissait de la sève où de la pellicule qui naît entre le bois et la grosse écorce du tremble et du bouleau.

Dans l'intervalle d'une chasse à l'autre, on faisait ou on réparait les arcs et les flèches, les raquettes qui servaient à courir sur la neige, les canots sur lesquels on devait passer les lacs et les rivières. Ces meubles de voyage et quelques pots de terre formaient toute l'industrie de ces peuplades errantes. Ceux d'entre eux qui s'étaient réunis en bourgades ajoutaient à ces travaux les soins qu'exigeait leur vie plus sédentaire ; ils y joignaient la précaution de palissader, de défendre leurs cabanes contre les irruptions. Les sauvages s'abandonnaient alors dans une sécurité profonde à la plus entière inaction.

Leur stature était taillée en général dans les plus belles proportions ; mais plus propres à supporter les fatigues de la course que les peines du travail, ils avaient moins de vigueur que d'agilité. Avec des traits réguliers, ils avaient cet air féroce que leur donnaient sans doute l'habitude de la chasse et le péril de la guerre. Leur peau était d'un rouge obscur et sale. Cette couleur désagréable leur venait de la nature qui hâle tous les hommes continuellement exposés au grand air. Elle était augmentée par la manie qu'ont toujours eue les peuples sauvages de se peindre le corps et le visage, soit pour se reconnaître de loin, soit pour se rendre plus agréables où plus terribles à la guerre. A ce vernis, ils joignaient des frictions de graisse de quadrupèdes ou d'huile de poissons, usage familier et nécessaire pour se garantir de la piqûre cruelle des moustiques et des insectes qui couvrent tous les pays que l'homme laisse en friche. Ces onguents étaient préparés et mêlés avec des sucs ou des matières de couleur rouge qui étaient le poison le plus mortel pour les moustiques. Qu'on ajoute à ces enduits qui pénètrent et qui dénaturent la couleur de la peau, les fumigations opposées encore à tous ces insectes, ou que respirent ces gens dans leurs cases, où ils se chauffent tout l'hiver près d'un feu allumé au centre de l'habitation, et où ils boucanent leurs viandes. Sans nul doute, c'en était assez pour leur donner un teint hideux à nos regards, mais beau ou du moins supportable à leurs yeux peu délicats. Malgré cette laideur apparente, ils avaient la vue, l'odorat, l'ouïe et le toucher d'une finesse, d'une subtilité qui les avertissaient de loin pour les dangers et les besoins. Ceux-ci étaient bornés à peu de chose ; mais leurs maladies l'étaient bien davantage. Ils ne connaissaient que celles qui pouvaient provenir de leurs exercices violents, ou de la surabondance de nourriture prise après une longue diète.

Leur population était peu nombreuse et peut-être n'était ce pas un malheur. Les nations policées doivent désirer la multiplication des hommes, parce que gouvernées quelquefois par des chefs ambitieux d'autant plus portés à la guerre qu'ils ne la font pas, elles sont réduites à la nécessité de combattre pour envahir ou pour repousser, elles n'ont jamais assez de terrain et d'espace pour leur vie entreprenante et dispendieuse. Mais indépendamment de ces réflexions, la nature des choses suffisait pour arrêter l'accroissement de leur population. Quoiqu'ils habitassent des contrées abondantes en gibier et en poisson, il y avait des saisons et quelques années ou cette unique ressource leur manquait : la famine faisait alors d'horribles ravages chez des nations trop éloignées les unes des autres pour se porter secours ; de plus leurs guerres ou leurs hostilités passagères, mais causées par des haines éternelles étaient très destructives. Des chasseurs continuellement exercés à poursuivre leur nourriture qui fuyait devant eux, à déchirer l'animal qu'ils avaient surpris à la course ; des hommes dont l'oreille était familiarisée aux cris de mort et à l'effusion du sang, devaient dans les combats se montrer plus impitoyables encore, s'il est possible, que les autres peuples. Enfin malgré les éloges qu'on accorde à l'éducation la plus dure, et qui séduisirent Pierre-le-Grand au point qu'il ordonna de ne laisser boire que de l'eau de mer aux enfants de ses matelots, épreuve étrange qui coûta la vie à ces malheureux, il est certain qu'un grand nombre de jeunes sauvages périssaient par la faim, par la soif, par le froid et la fatigue.

On trouva dans le Canada trois langues mères, l'algonquine, la siouse et la hurone. On pensa que ces langues étaient primitives, parce qu'elles renfermaient chacune un grand nombre de ces mots imitatifs qui désignent les choses par le son. Les dialectes qui en dérivaient se multipliaient presque autant que les bourgades. On n'y remarquait point de termes abstraits, parce que l'esprit des sauvages était encore dans l'enfance. D'ailleurs le langage de ces peuples, presque toujours animé d'un sentiment prompt, unique et profond, remué par les grandes scènes de la nature, prenait dans leur imagination sensible un caractère vivant et poétique. Leur âme s'exprimait comme leurs yeux voyaient : c'était toujours des êtres physiques qu'ils retraçaient avec des cou-

leurs sensibles, alors leurs discours devenaient pittoresques. Le geste, l'attitude ou l'action du corps, l'inflexion de la voix, suppléaient ou achevaient ce que la parole ne pouvait faire. Les métaphores étaient plus hardies, plus imagées dans la simple conversation qu'elles ne le sont dans la poésie des langues de l'Europe. Leurs harangues dans les assemblées publiques étaient surtout remplies d'images, d'énergie et de mouvement. Jamais un orateur grec ou romain ne parla peut-être avec autant de force et de sublimité que le chef de ces sauvages, qui répondit alors qu'on voulait les éloigner de leur patrie : « Nous sommes nés sur cette terre, dit-il majestueu-
» sement ; nos pères y sont ensevelis ! Dirons-nous aux
» ossements de nos pères : Levez-vous, et venez avec nous
» dans une terre étrangère ? »

On peut penser que de pareilles nations ne pouvaient pas être aussi douces, aussi faibles que celles du midi de l'Amérique.

Les sauvages Canadiens étaient divisés en plusieurs petites peuplades dont le gouvernement était à peu près le même. Quelques-unes reconnaissaient des chefs héréditaires ; d'autres s'en donnaient d'électifs et la plupart n'étaient dirigées que par des vieillards. C'étaient de simples associations fortuites et toujours libres, unies sans aucun lien. La volonté générale n'y assujettissait pas même la volonté particulière. Les décisions étaient de simples conseils qui n'obligeait personne sous la moindre peine. Si, dans une de ces singulières républiques, on ordonnait la mort d'un homme, c'était plutôt une espèce de guerre contre un ennemi commun qu'un acte judiciaire exercé sur un sujet ou un citoyen. Au défaut du pouvoir coërcitif, les mœurs, l'exemple, le respect pour les anciens, l'amour des parents, maintenaient en paix ces sociétés sans lois comme sans biens. La concorde et la sûreté publique se maintenaient sans l'entremise du gouvernement. Jamais l'autorité ne blessait ce puissant instinct de la nature, l'amour de l'indépendance.

De là ces égards que les sauvages observent réciproquement entre eux. Ils se prodiguent des marques d'estime par un retour de celle que chacun exige pour soi-même. Prévenants et réservés, ils pèsent leurs paroles, ils écoutent avec attention.

Ce respect mutuel entre les habitants d'une bourgade sauvage du Canada, régnait entre les peuples dès que la guerre cessait. Les envoyés étaient reçus et traités avec l'amitié qu'on doit à des hommes qui viennent parler de paix ou d'alliance. Ce n'était jamais pour un intérêt de domination que négociaient ces nations errantes. La terre disaient-ils, est faite pour tous les hommes. Toute leur politique se réduisait donc à former des ligues contre un ennemi trop nombreux et trop fort, à suspendre des hostilités trop meurtrières.

Etait-on convenu de la trève ou de l'union, on s'en donnait mutuellement le gage par des colliers de porcelaine. C'est une espèce de coquillage ou de colimaçon. Les blancs étaient trop communs, on en faisait peu de cas. Les violets, plus rares, et les noirs qui le sont davantage, étaient les plus estimés. On leur donnait une forme cylindrique ; on les perçait et ils étaient distribuées en branches ou en colliers. Les branches, longues d'un pied environ, portaient des grains enfilés les uns à la suite des autres. La mesure, le poids et la couleur des coquillages décidaient de l'importance des affaires. Ils servaient de bijoux, de registre et d'annales. C'étaient le lien et le gage sacré des peuples et des individus. Les chefs de bourgades étaient dépositaires de ces fastes de la nation. Ils en connaissaient mieux que personne la signification et ils savaient en interpréter le sens.

C'est avec ces caractères de convention que le sauvage transmet l'histoire du pays à la génération naissante. Comme ces gens n'ont point de richesses, ils sont bienfaisants. Un navire français s'était brisé à l'entrée de l'hiver sur les rochers d'Anticosti. Ceux des matelots qui dans cette île déserte et dénuée de ressources avaient échappé aux rigueurs des frimats et de la famine, formèrent des débris de leur navire un radeau qui, au printemps, les conduisit dans le continent. Une cabane de sauvages s'offrit à leurs regards mourants. « Mes frères, leur dit affectueusement le chef de cette famille solitaire, les malheureux ont droit à notre commisération et à notre assistance ; nous sommes des hommes, et les misères de l'humanité nous touchent dans les autres comme dans nous-mêmes. » Ces paroles d'une âme tendre furent suivies de tous les secours qui étaient au pouvoir de ces généreux sauvages.

Des liens plus durables encore chez les sauvages, ce sont ceux de l'amitié. Chez eux, l'amitié n'est jamais altérée par cette foule d'intérêts opposés, qui dans nos sociétés affaiblissent toutes les liaisons, sans en excepter les plus douces et les plus sacrées.

Un iroquois chrétien, mais qui ne se conduisait pas selon les maximes de l'Évangile, était menacé des peines éternelles. Il demanda si son ami, enterré depuis peu de jours était en enfer. « J'ai de fortes raisons pour croire qu'il n'y a pas été précipité, répondit le missionnaire. » « S'il en est ainsi, je ne veux pas y aller, reprit le sauvage. » Il s'engagea sur le champ à changer de mœurs, et sa vie fut toujours depuis très édifiante.

Les sauvages ont une pénétration et une sagacité qui étonnent tout homme qui ne les connaît pas.

Au lieu de méditations profondes, les sauvages ont des chansons. Leur chant, dit-on, est monotone. Mais ceux qui l'ont jugé tel avaient ils une oreille faite à les bien entendre? La première fois qu'on parle devant nous une langue étrangère, tout nous y paraît continu, dit et prononcé du même ton, sans inflexion, sans aucune prosodie. On ne commence à distinguer les mots, les syllabes, à s'apercevoir que les unes sont plus sourdes, les autres plus aigües, qu'après une longue expérience.

Leurs danses sont presque toujours une image de la guerre, et communément exécutées les armes à la main. Elles sont si vraies, si rapides, si terribles, qu'un européen qui les voit pour la première fois ne peut s'empêcher de frémir. Il croit qu'en un instant la terre va être couverte de sang et de membres épars, et que de tous les danseurs, de tous les spectateurs il ne restera pas un seul homme. N'est-il pas singulier que chez les sauvages, la danse soit un art d'imitation, et qu'elle ait perdu ce caractère dans les pays policés.

Les Iroquois supposent confusément un premier être qui règle à son gré le cours du monde. Ils ne s'affligent pas du mal que cet être permet ou laisse faire. Quand il leur arrive un événement fâcheux : « Le Grand Esprit l'a voulu, disent-ils. Quelques fois c'est un fleuve, une forêt, la lune et le soleil qu'ils adorent, en un mot, des êtres en qui ils ont remarqué une certaine puissance et du mouvement, parce que partout où ils voient un mouvement ou une puissance dont ils ignorent la cause, ils supposent une âme.

Ils semblent avoir idée d'une autre vie ; mais comme ils n'ont aucun principe de moralité, ils ne la croient destiné, ni à la punition du crime, ni à la récompense de la vertu. Ils pensent que le chasseur infatigable, le guerrier sans peur et sans pitié, l'homme qui aura tué ou brûlé beaucoup d'ennemis, et rendu sa bourgade victorieuse, passera, à sa mort, dans une terre abondante, où toutes sortes d'animaux rassasieront sa faim. Mais ceux qui auront vieilli sans gloire et dans l'idolence seront relégués à jamais dans un sol stérile, où la famine et les maladies les assiégeront éternellement. Ils croient à des plaisirs et à des peines qu'ils connaissent. Ils ont plus d'espérance que de crainte. Cependant ils sont tourmentés par les songes ; rien n'est si naturel à l'ignorance que d'attacher du mystère aux songes, et de les rapporter à une cause puissante.

Dans les climats âpres et rudes du Canada, chez des peuples qui ne vivent que de chasse, les nerfs sont quelquefois douloureusement affecté par l'intempérie de l'air, par les fatigues et les longues diètes. Alors les sauvages ont des songes, et ces songes sont tristes et funestes. Ils rêvent qu'ils sont entourés d'ennemis ; ils voient leur bourgade surprise et nager dant le sang ; ils reçoivent des outrages, des blessures ; on leur enlève leurs femmes, leurs enfants, leurs amis. A leur réveil ils prennent ces visions pour un avis des dieux ; et la crainte, qui met cette opinion dans leur âme, ajoute à leur férocité par la mélancolie dont elle teint toutes leurs idées et leurs sombres regards. Les vieilles femmes, inutiles au monde rêvent pour la sûreté de l'Etat ; quelques vieillards imbéciles rêvent avec elles pour les affaires publiques où ils n'ont point d'influence. Des jeunes gens inhabiles à la chasse, à la guerre, à la fatigue, rêvent aussi pour avoir part à l'administration de la peuplade. Vainement on a travaillé à dissiper des illusions si profondément enracinées.

Sans ces affections mélancoliques et ces rêves, il n'y aurait rien de si rare que les querelles entre particuliers. Des Européens qui ont vécu longtemps dans ces contrées, assurent qu'ils n'ont jamais vu un sauvage en colère. Sans la superstition, il n'y aurait rien de si rare que les querelles de nation à nation.

Les querelles des particuliers sont ordinairement apaisées par le corps de l'état. La considération que la nation témoigne à l'offensé calme son amour-propre et dispose son âme à la paix. Il est plus difficile d'éviter les démêlés et de pacifier les hostilités entre deux peuples.

La chasse est un germe de la guerre. Dès que deux troupes séparées par des forêts de cent lieues viennent à se rencontrer dans leurs courses, à s'intercepter le gibier, elles ne tardent pas à tourner contre elles-mêmes les flèches qu'elles réservaient aux ours. Dès lors une légère escarmouche est la semence d'une discorde éternelle. Le parti vaincu jure aux vainqueurs une vengeance implacable, une haine nationale qui vivra dans leur sang et renaîtra de leurs cendres. Cependant ces querelles s'éteignent quelquefois dans les blessures des deux bandes, quand de part et d'autre ce n'est qu'une jeunesse bouillante, qui, dans l'impatience de son âge, est allée au loin faire l'essai de ses premières armes.

Quand il y a sujet de guerre ce n'est pas un homme qui en juge, qui la décide et qui la déclare. La nation s'assemble et le chef parle. Il expose le grief et les injures. On pèse, on balance les dangers et les suites d'une rupture. Les orateurs vont droit au but. Les intérêts sont discutés avec une force de raison et d'éloquence qui nait de l'évidence et de la simplicité des objets. Si la guerre est décidée à l'unanimité des voix, à l'acclamation universelle, les alliés y sont invités. Rarement ils s'y refusent, parce qu'ils ont toujours quelque injure à venger, des morts à remplacer par des prisonniers.

Ensuite on s'occupe à choisir un chef. Lorsqu'un certain nombre d'hommes se réunissent pour exécuter une entreprise d'un intérêt commun, il faut que l'un d'entre eux soit chargé de diriger les mouvements de la masse, dont il faut qu'il soit l'âme, l'âme qui commande aussi impérieusement à tous.

qu'aux membres du corps qu'elle habite, et qu'elle en soit aussi promptement, aussi fidèlement obéit. Au moment où cette identité cesse, le désordre s'introduit. Ce n'est plus une armée qui tend au même but, ce sont des officiers isolés, des soldats séparés qui s'abandonnent à des desseins particuliers. Cette subordination, qui lie cent mille têtes, deux cent mille bras à un général, est la qualité principale qui distingue nos guerriers modernes des guerriers anciens. Chez ces derniers chacun se désignait son ennemi et allait le défier au milieu de la mêlée. Un combat n'était qu'un grand nombre de duels exécutés en même temps sur le champ de bataille. Il n'en n'est pas ainsi de nos jours. Ce sont de profondes, larges et denses masses d'hommes alignés et pressés, se mouvant en tous sens comme un seul. Autrefois c'était un duel d'homme à homme, à présent c'est un duel de masse à masse.

L'éloignement qu'ont les sauvages du Canada pour tout ce qui peut gêner leur indépendance, ne les a pas empêchés d'apercevoir la nécessité d'un chef militaire. Des capitaines les ont toujours menés au combat; et, dans la préférence qu'ils leur accordaient, la physionomie était consultée. Ce moyen de juger les hommes peut paraître défectueux et ridicule; mais les sauvages Canadiens ne se trompaient guère. Après l'air guerrier, on cherche une voix forte, une voix puissante, parce que des armées qui marchent sans tambours, sans clairons, pour surprendre l'ennemi plus efficacement, n'ont rien de meilleur et de plus propre à sonner l'alarme, à donner le signal du combat que la voix terrible d'un chef qui crie et frappe en même temps. Mais ce sont surtout les exploits qui nomment un général. Chacun a droit de vanter ses victoires pour marcher le premier au péril ; de dire ce qu'il a fait pour prouver ce qu'il veut faire ; et les sauvages trouvent qu'un héros balafré, qui montre ses cicatrices, à très bonne grâce à se louer. Celui qui doit guider les autres dans le chemin de la victoire ne manque jamais de les haranguer : « Camarades, dit-il, les ossements de nos frères sont encore découverts. Ils crient contre nous ; il faut les satisfaire. Jeunesse, aux armes ! remplissez vos carquois ; peignez vous de couleurs funèbres qui portent la terreur. Que les échos des bois retentissent de nos chants de guerre. Désennuyons nos morts par des cris de vengeance. Allons nous baigner dans le sang ennemi, faire des prisonniers et combattre tant que l'eau coulera dans les rivières, que l'herbe croîtra dans les champs, que le soleil et la lune resteront fixés dans le ciel. »

A ces mots, les braves qui brûlent de courir les hasards de la guerre vont trouver le chef et lui disent : « Je veux risquer avec toi. Je le veux bien, répond-il, nous risquerons ensemble. » Mais comme on n'a sollicité personne, de peur qu'un faux point d'honneur ne fit marcher des lâches, il faut subir bien des épreuves avant d'être reçu soldat. Si le jeune homme qui n'a pas encore vu l'ennemi témoignait la moindre impatience, quand après de longues diètes, on l'expose à l'ardeur du soleil, aux rudes gelées de la nuit, aux piqûres sanglantes des insectes, on le déclarerait incapable et indigne de porter les armes. Ce n'est pas dans un appareil de deuil et de consternation que les sauvages se présentent à la victoire :

c'est du milieu des festins, des chants, des danses qu'ils se mettent en marche. Les jeunes mariées suivent un jour ou deux leurs époux sans donner un signe de chagrin ou de tristesse.

Ils ont pour toutes armes une espèce de Javelot hérissé de pointes d'os et un casse-tête. Avant l'arrivée des Européens, ce n'étaient qu'une petite massue d'un bois très dur, de forme ronde, avec un côté tranchant. Aujourd'hui, c'est une petite hache qu'ils manient avec une dextérité surprenante. La plupart n'ont aucune arme défensive ; mais s'il leur arrive d'attaquer les palissades qui entourent les bourgades, ils se couvrent le corps d'un bois léger. Quelques-uns d'entre eux, qui se faisaient une sorte de cuirasse avec un tissu de jonc, y renoncèrent dès qu'ils virent qu'elles n'était pas à l'épreuve des armes à feu.

L'armée se fait suivre dans ses expéditions par les rêveurs, qui, sous le nom de jongleurs décident trop souvent des opérations. Elle marche sans étendard. Tous les guerriers presque nus, pour être plus agiles au combat, se barbouillent le corps avec du charbon pour paraître plus terribles, ou avec de la terre pour se cacher de loin et mieux surprendre l'ennemi. Malgré leur intrépidité naturelle, malgré leur aversion pour le déguisement, les guerres qu'ils se font se tournent en ruses. Par la vue ou l'odorat, ils découvrent, dit-on, des vestiges sur l'herbe la plus courte, sur la terre sèche et dure, sur la pierre même ; ils voient à la manière dont ces traces sont imprimées quelle nation elles désignent. Peut-être ne les reconnaissent-ils qu'aux feuilles dont les forêts jonchent continuellement la terre.

Lorsqu'on a le bonheur d'arriver à l'improviste près de l'ennemi, il se fait une décharge générale de flèches, et l'on fond sur lui le casse-tête à la main. S'il est sur ses gardes ou trop bien retranché, on se retire, s'il est possible ; sinon, il faut se battre jusqu'à la mort ou la victoire. Celui qui l'emporte achève les blessés qu'il ne pourrait emmener, arrache aux morts leur chevelure pour toute dépouille, et fait des prisonniers.

Le vainqueur laisse sur le champ de bataille son casse-tête, où il a eu soin de tracer la marque de sa nation, celle de sa famille, et surtout son portrait ; c'est-à-dire un ovale, avec les figures peintes sur son visage. D'autres peignent toutes ces marques d'honneur, ou plutôt de victoire, sur un tronc d'arbre, avec du charbon broyé dans un mélange de couleurs. On ajoute à ce trophée, l'histoire non-seulement de la bataille mais encore de la campagne entière en caractères hiéraghyphiques. Après le portrait du général vient le nombre de ses soldats, marqué par autant de lignes ; celui des prisonniers par autant de marmousets ; celui des morts par les figures humaines sans tête. Ce sont là les signes sensibles qui ont précédé dans toute société, l'art de l'écriture et de l'imprimerie.

L'histoire des guerres est courte chez les sauvages; ils se hâtent de l'écrire. Comme les fuyards pourraient revenir en force sur leurs pas, le vainqueur ne les attend point. Sa gloire est de marcher avec précipitation, sans jamais s'arrêter en route, jusqu'à ce qu'il soit arrivé dans sa bourgade où sur son territoire. C'est là qu'on le reçoit avec les transports de la plus vive joie, avec des éloges qui font sa récompense. Ensuite on s'occupe du sort des prisonniers, unique fruit de la victoire.

Les heureux sont ceux qu'on choisit pour remplacer les guerriers que la nation a perdus dans l'action qui vient de se passer, où dans des combats plus éloignés. Les prisonniers incorporés dans une famille y deviennent cousins, oncles, pères, frères, époux ; enfin, ils y prennent tous les titres du mort qu'ils remplacent ; et ces tendres noms leur donnent tous ses droits, en même temps qu'ils leur imposent tous ses engagements. Loin de se refuser aux sentiments qu'ils doivent à la famille dont ils sont faits membres, ils n'ont pas même d'éloignement à prendre les armes contre leur compatriotes. Mais quelquefois il arrive qu'un captif refuse cette adoption, ou bien il en est exclu.

Un prisonnier grand et bien fait, avait perdu plusieurs doigts à la guerre. On ne s'en était pas d'abord aperçu.

— Mon ami, lui dit la veuve à laquelle il était destiné, nous t'avions choisi pour vivre avec nous ; mais dans la situation où je te vois, incapable de combattre et de nous défendre, que ferais-tu de la vie ? La mort vaut mieux pour toi.

— Je le crois, répondit le sauvage.

— Eh bien ! répliqua la femme, tu seras attaché ce soir au

poteau du bûcher. Pour ta propre gloire, et pour l'honneur de notre famille qui t'avait adopté, souviens-toi de ne pas démentir ton courage.

Il le promit et tint parole. Pendant trois jours il souffrit les plus cruels tourments avec une constance qui les bravait, une gaîté qui les défiait. Sa nouvelle famille ne l'abandonna pas ; elle l'encouragea par des éloges, lui fournissant de quoi boire et de quoi fumer au milieu des supplices.

Les captifs que personne n'adopte sont bientôt condamnés à mort. On y prépare les victimes par tout ce qui peut leur faire regretter la vie. La meilleure chère, les traitements et les noms les plus doux, rien ne leur est épargné.

Un héraut vient enfin dire au malheureux que le bûcher l'attend.

— Mon frère, prends patience, tu vas être brûlé.

— Mon frère, répond le prisonnier, c'est fort bien ; je te remercie.

Ces mots sont reçus avec des applaudissements répétés. Mais la joie des femmes l'emporte sur celle des hommes. Celle à qui le prisonnier est livré invoque aussitôt l'ombre d'un père, d'un époux, d'un fils, ou enfin de l'être le plus cher qui lui reste à venger.

— Approche, crie-t-elle à cette ombre, je te prépare un festin. Viens boire à longs traits le bouillon que je te destine. Ce guerrier va être mis dans la chaudière, on lui appliquera les haches ardentes sur tout le corps, on lui enlèvera la chevelure, on boira dans son crâne. Tu seras donc vengée et satisfaite !

Cette furie s'élance alors vers le patient qui est attaché à un poteau, près d'un feu ardent ; et frappant sa victime, elle donne le signal de toutes les cruautés. Il n'est pas une femme, il n'y a pas un enfant dans la peuplade que ce spectacle assemble, qui ne veuille avoir part à la mort et aux tourments réservés au malheureux captif.

Les uns sillonnent la chair avec des tisons ardents, les autres la déchirent en lambeaux ; d'autres lui arrachent les ongles ou lui coupent les doigts qu'ils rôtissent et qu'ils mangent en sa présence. Rien n'arrête ses bourreaux que la crainte de hâter la mort. Ils s'étudient à prolonger son supplice pendant des jours entiers et quelquefois une semaine.

Au milieu de ces tourments horribles, le héros chante d'une manière barbare, mais héroïque la gloire de ses anciennes victoires ; il chante le plaisir qu'il eut autrefois d'immoler ses ennemis. Sa voix expirante se ranime pour exprimer l'espoir qu'il a d'être vengé, pour reprocher à ses persécuteurs de ne savoir pas venger leurs pères qu'il a massacrés. Il choisit, pour braver ses bourreaux, le moment où leur rage est un peu ralentie ; il cherche à la rallumer pour que l'excès de ses souffrances déploie l'excès de son courage. C'est un combat de la victime contre ses bourreaux ; c'est un défi horrible entre la constance à souffrir et l'acharnement à torturer. Mais la gloire l'emporte. Le patient meurt sans que le feu ni le fer aient pu lui arracher une larme, un soupir.

Ce qui devrait nous étonner le plus, ce n'est pas l'intrépidité dans les tourments, c'est la férocité des sauvages dans la vengeance. On frémit en pensant que l'homme peut devenir le plus cruel des animaux. Chez les sauvages dont les affections sont peu étendues et fort vives, on doit venger sans mesurer les outrages, parce qu'ils attaquent toujours la personne dans quelque endroit infiniment sensible ; on doit poursuivre jusqu'à la dernière goutte de sang le meurtrier d'un ami, d'un fils, d'un frère, d'un concitoyen. Ces ombres toujours chéries crient éternellement vengeance du fond de leurs tombeaux. Elles errent dans les forêts, parmi les accents lugubres des oiseaux de nuit ; elles apparaissent dans les lumières phosphorescentes et parmi les éclairs ; puis la superstition parle pour elles dans les âmes affligées ou courroucées.

CHAPITRE II.

Le caractère des Américains septentrionaux, tel que nous venons de le dépeindre, s'était singulièrement développé pendant la guerre des Iroquois et des Algonquins. Ces deux peuples, les plus nombreux du Canada, avaient formé entre eux une espèce de confédération. Les premiers, qui travaillaient la terre, faisaient part de leurs productions à leurs alliés, qui de leur côté devaient partager avec eux le produit de leur chasse. La défense était mutuelle entre ces deux nations liées par leurs besoins. Pendant la saison où la neige interrompait tous les travaux de la culture, elles vivaient ensemble. Les Algonquins chassaient, et les Iroquois se contentaient d'écorcher les animaux tués, de faire sécher les viandes, de préparer les peaux.

Une année il arriva qu'un parti d'Algonquins, peu adroits ou peu exercés à la chasse, y réussit mal. Les Iroquois, qui les suivaient, demandèrent la permission d'essayer afin de voir s'ils seraient plus heureux. Cette complaisance, qu'on avait eue quelques fois fut refusée. Une dureté si déplacée les aigrit. Ils partirent à la dérobée pendant la nuit, et revinrent avec une chasse très abondante. La confusion des Algonquins fut grande, très grande. Pour en effacer jusqu'au souvenir, ils attendirent que les Iroquois fussent endormis et ils les assommèrent tous. Cet assassinat fit du bruit. La nation offensée demanda justice. Elle lui fut refusée avec hauteur. On ne lui laissa même pas l'espérance de la plus légère satisfaction.

Les Iroquois outrés d'un tel mépris, jurèrent de périr ou de se venger ; mais n'étant pas assez forts pour tenir tête à leurs superbes offenseurs, ils allèrent au loin s'essayer et s'aguerrir contre des nations moins redoutables. Quand ils eurent appris à venir en renards, à attaquer en lions, à fuir en oiseaux, c'est leur langage, alors ils ne craignirent plus de se mesurer avec l'Algonquin. Ils firent la guerre à ce peuple, ils la firent aux peuples qui avaient pris son parti, avec une férocité proportionnée à leur ressentiment.

C'est à cette époque où le feu de ces haines embrasait le Canada que les Français y parurent. Les Algonquins et ceux de leurs alliés qui occupaient les rives du fleuve Saint-Laurent, où qui même n'en étaient pas trop éloignés, favorisèrent l'établissement de ces étrangers. Réunies contre les Iroquois sans pouvoir leur résister, ces diverses nations virent dans leurs nouveaux hôtes une ressource inespérée, dont ils se promirent un succès infaillible. Jugeant les Français comme s'ils les avaient connus, ils se flattèrent de les engager dans leur querelle et ils ne se trompèrent pas.

Champlain, qui aurait dû profiter de la supériorité des lumières européennes sur celles des Américains pour les pacifier, ne tenta rien dans ce sens. Epousant avec ardeur les intérêts de ses voisins, il alla chercher avec eux leur ennemi.

Le pays des Iroquois s'étendait près de quatre-vingt lieues en long sur un peu plus de quarante en largeur. Les limites étaient le lac Erié, le lac Ontario, le fleuve Saint-Laurent, et les contrées fameuses, depuis sous le nom de Nouvelle-Yorck et de Pensylvanie. L'espace compris entre ces vastes bornes était fertilisé par de belles rivières. On y voyait cinq nations qui, réduites de nos jours à moins de 1,500 guerriers, en comptaient alors 20,000. Elles formaient une espèce de ligue assez semblable à celle des Suisses. Leurs envoyés s'assemblaient tous les ans pour faire le festin d'union, et pour délibérer sur les intérêts de la République. L'ambition de reculer leurs frontières ou d'asservir d'autres sauvages n'entrait point dans leur plan. Jamais on ne les vit s'agrandir ou se donner des sujets; le soin de leur sûreté, la soif de la vengeance, une passion démesurée pour les exploits guerriers absorbaient toute leur pensée.

Quoique les Iroquois ne s'attendissent pas à être provoqués par des ennemis si souvent vaincus, ils ne furent pas sur-

pris. La guerre commença avec une égale confiance de part
et d'autre. Les uns la fondaient sur leur supériorité habituelle,
les autres sur le secours du nouvel allié, dont les armes à feu
ne pouvaient manquer d'entraîner la victoire. En effet, Champlain et les deux français qui l'accompagnaient n'eurent pas
plus tôt tué à coups d'arquebuse deux chefs Iroquois, et
blessé mortellement le troisième, que l'armée entière également étonnée et consternée prit la fuite.

Un changement d'attaque lui fit changer le genre de défense. Dans la campagne suivante elle crut devoir se retran-
cher contre des armes qu'elle ne connaissait pas. Mais cette
précaution fut inutile ; malgré l'opiniâtreté de la résistance
les retranchements furent emportés par les sauvages, soutenus
d'un feu plus vif et de plus de Français que dans la première
expédition. Presque tous les Iroquois furent pris ou tués.
Ceux qui avaient échappé au carnage furent culbutés dans
une rivière où ils se noyèrent.

On peut conjecturer que cette nation aurait été détruite ou
forcée à vivre en paix, si les Hollandais qui, en 1610, avaient
fondé dans son voisinage la colonie de la Nouvelle-Belge, ne
lui eussent pas fourni des armes et des munitions. Peut-être
même l'engageaient ils sourdement à continuer les hostilités,
parce que les pelleteries, qu'elle enlevait alors à ses ennemis
formaient un plus grand objet que le produit de ses propres
chasses. Quoiqu'il en soit, le poids que cette liaison mit dans
la balance, rétablit une égalité de forces entre les deux partis.
On se faisait réciproquement beaucoup de mal, sans qu'il
en résultat de l'affaiblissement pour l'un ou pour l'autre.

Cependant les Français ne s'élevaient pas sur tant de débris. En 1627, ils n'avaient encore que trois misérables établissements entourés de palissades. Cinquante habitants, hommes, femmes et enfants composaient la plus grande de ces colonies. Le climat n'avait point accablé les hommes qui y étaient passés. Il était rigoureux mais sain, et les Européens y fortifiaient leur tempéramment au lieu de l'affaiblir. Cette langueur, cette nonchalance dans les établissements français, n'avaient d'autre cause que le système d'une compagnie exclusive, qui se proposait moins de créer une puissance nationale au Canada que de s'y enrichir par le commerce des pelleteries. Le gouvernement se contenta de substituer à cette compagnie une association plus nombreuse et composée de gens plus accrédités.

On lui donna la disposition des établissements formés et à former dans le Canada, le droit de les fortifier et de les régir à son gré, de faire la paix ou la guerre selon ses intérêts. A l'exception de la pêche de la morue ou de la baleine, qu'on rendit libre pour tous les citoyens, tout le commerce qui pouvait se faire par terre et par mer lui fut concédé pour un temps qui ne devait pas dépasser quinze ans. La concession pour le castor et les pelleteries fut accordée pour un temps illimité, c'est-à-dire à perpétuité.

A tant d'encouragements on ajouta de nouvelles faveurs. Le roi fit présent de deux gros vaisseaux à la société composée de plus de mille intéressés. Les douze principaux obtinrent des lettres de noblesse. On pressa les gentilshommes, le clergé même de participer à ce commerce. La compagnie pouvait envoyer, pouvait recevoir même toutes sortes de denrées, toutes sortes de marchandises sans être assujettis au plus petit droit du fisc. La pratique d'un métier quelconque pendant six ans dans la colonie en assurait le libre exercice en France. Une dernière faveur, ce fut l'entrée franche de tous les ouvrages qui seraient manufacturés dans ces pays éloignés. Cette prérogative singulière, donnait aux ouvriers de la Nouvelle-France, un avantage incomparable sur ceux de l'ancienne, enveloppés de péage, de lettres de maîtrise etc.

Pour répondre à tant de preuves d'intérêt, la compagnie qui avait un fond de cent mille écus, s'engagea à porter dans la colonie dès l'an 1628, qui était le premier de son privilége deux ou trois cents ouvriers de diverses professions et des plus convenables, et jusqu'à 16,000 hommes avant 1643. Elle devait les loger, les nourrir, les entretenir pendant trois ans, et leur distribuer ensuite une quantité de terre défrichée, suffisante pour leur subsistance, avec le blé nécessaire pour les ensemencer la première fois.

Les événements ne favorisèrent pas les avances que le gouvernement avait faites à la nouvelle compagnie. Les premiers vaisseaux qu'elle expédia furent pris par les Anglais, que le siége de la Rochelle venait de brouiller avec la France. Richelieu, Buckingam, ennemis par jalousie, par caractère, par intérêt d'état, par tout ce qui peut rendre irréconciliables deux ministres ambitieux, saisirent avec avidité cette occasion qui leur permettait de mettre aux prises les deux rois qu'ils gouvernaient. La nation anglaise combattant pour ses intérêts, eut l'avantage sur les Français. Ceux-ci perdirent le Canada en 1629. Louis XIII connaissait si peu l'importance de cet établissement qu'il opinait à n'en pas demander la restitution ; mais son orgueil qui regardait l'irruption des Anglais comme une injure personnelle parce qu'il était à la tête de la compagnie, le fit changer d'avis. Cela fit qu'on n'éprouva pas autant de difficultés qu'on le craignait ; et le traité de Saint-Germain-en-Laye rendit, en 1631, aux Français, et la paix et le Canada.

L'adversité ne les corrigea pas. Après le recouvrement de la colonie, ce furent la même nonchalance et la même négligence qui les perdirent. La compagnie ne remplissait aucun des engagements qu'elle avait pris. Cette infidélité loin d'être punie fut au contraire récompensée par la prolongation du privilège. Les cris et les réclamations du Canada se perdirent dans l'immensité de l'Océan. Toutes ces choses eurent les suites qu'elles devaient avoir naturellement.

Les Français avaient mal formé leurs établissements. Pour paraître régner sur d'immenses contrées, pour se rapprocher des pelleteries, ils avaient élevé leurs habitations à une telle distance les unes des autres, qu'elles n'avaient presque pas de communications, qu'elles étaient hors d'état de se secourir. Les malheurs dont cette imprudence avait été suivie, ne les avaient pas détournées de cette conduite. L'intérêt du moment leur avait toujours fait perdre le souvenir du passé. Ils n'avaient plus de prévoyance pour l'avenir.

L'audacieux et ardent Iroquois ne tarda pas à s'apercevoir du vice de cette constitution, et il se mit en mouvement pour en profiter. Aussitôt les faibles hordes qu'on avait dérobées à ses fureurs, privées de l'appui qui faisait leur sûreté, s'enfuirent devant lui. Ce premier succès lui fit espérer qu'il réduirait les protecteurs de ces tribus sauvages à repasser les mers, et que même il enlèverait à ces étrangers leurs enfants pour remplacer les soldats que les guerres précédentes lui avaient fait perdre. Pour éviter ces calamités, ces humiliations, les Français se virent réduits à élever dans chacun des districts qu'ils occupaient, une espèce de fort où ils se réfugiaient, où ils retiraient leurs vivres et leurs troupeaux à l'approche de cet ennemi irréconciliable. Ces pallissades, soutenues en général par quelques mauvais canons, ne furent jamais forcées ; mais tout ce qui existait hors des retranchements était détruit ou emporté par ces sauvages. Telles étaient la misère et l'infortune de la colonie, qu'elle ne subsistait plus que par les aumônes des missionnaires à qui on les envoyait d'Europe.

Enfin le gouvernement, tiré de sa léthargie par un mouvement général qui changeait alors l'esprit des nations, fit passer en 1662, quatre cents hommes de bonnes troupes, dans le Canada. Ce détachement fut renforcé deux ans après. On reprit peu à peu un ascendant marqué sur les Iroquois. Trois de leurs nations, effrayées de leurs pertes, proposèrent un accomodement, et les deux autres y furent amenées en 1668, par suite de leur affaiblissement. La colonie jouit alors pour la première fois d'une paix profonde. C'était le germe de la prospérité ; la liberté du commerce le fit éclore. Le castor seul resta sous le monopole. Cette révoluion dans les affaires fit fermenter l'industrie. Les anciens colons, concentrés par faiblesse autour de leurs palissades, donnèrent une étendue plus vaste à leurs plantations, et ils les cultivèrent avec plus de succès et de confiance.

Tous les soldats qui consentirent à se fixer dans le Nouveau-Monde obtinrent leur congé et une propriété. On accorda aux officiers un terrain proportionné à leur grade. Les établissements déjà formés acquirent plus de consistance, et on en forma de nouveaux où l'intérêt et la sûreté de la colonie l'exigeaient. Cet esprit de vie et d'activité multiplia les échanges des sauvages avec les Français, et ce commerce ranima les liaisons avec les deux mondes. Il semblait que ces commencements de prospérité devaient aller en augmentant par l'attention qu'avaient les administrateurs de la colonie, non-seulement de bien vivre avec les peuples voisins, mais encore d'établir entre eux une harmonie générale. Dans un espace de quatre ou cinq cents lieues il ne se commettait pas un seul acte d'hostilité, chose peut-être inouï jusqu'alors dans l'Amérique septentrional. On eût dit que les Français n'y avaient d'abord excité la guerre à leur arrivée que pour mieux l'éteindre.

Mais cette concorde ne pouvait pas durer chez des peuples toujours armés pour la chasse, à moins de grands événements. Les Iroquois s'apercevant qu'on les négligeait, revinrent à ce caractère remuant que leur donnait l'amour de la vengeance. Ils eurent cependant la précaution de ne se faire que des ennemis qui ne fussent ni alliés, ni voisins des Français. Malgré ce ménagement il leur fut signifié de mettre bas les armes, de rendre tous les prisonniers qu'ils avaient faits, ou de s'attendre à voir leur pays détruit et leurs habitations brûlées, une sommation si fière irrita leur orgueil. Ils répondirent qu'ils ne laisseraient jamais porter la moindre atteinte à leur indépendance, et qu'on devait savoir qu'ils n'étaient ni des amis à négliger, ni des ennemis à mépriser. Cependant ébranlés par le ton imposant qu'on avait pris ils accordèrent en partie ce qu'on exigeait, et on ferma les yeux sur le reste.

Mais cette espèce d'humiliation aigrit le ressentiment d'une nation plus accoutumée à faire qu'à souffrir des outrages. Les Anglais, qui en 1664, avaient chassé les Hollandais de la Nouvelle-Belge, et qui étaient restés en possession de leur conquête, qu'ils avaient nommée la Nouvelle-Yorck, profitèrent des dispositions où ils voyaient les Iroquois. On leur fit des présents pour les engager ; on tâcha de débaucher les autres alliés de la France. Ceux qui résistèrent à la séduction furent attaqués. Tous furent invités et quelques-uns forcés de porter leur castor, et les autres pelleteries à la Nouvelle-Yorck où elles étaient beaucoup mieux vendus que dans la colonie française.

Denouville envoyé depuis peu au Canada pour faire respecter l'autorité du plus fier des rois, souffrait impatiemment tant d'insultes. Quoiqu'il fut non-seulement en état de couvrir les frontières, mais encore d'attaquer les Iroquois, on convint de rester dans une inaction apparente jusqu'à ce qu'on eut reçu d'Europe quelques renforts. Ces secours arrivèrent en 1687 ; et la colonie comptait alors onze mille deux cent

iarante personnes, dont le tiers environ pouvait être
mé.

Avec cette supériorité de forces, Denouville eut pourtant re-
ours aux armes de la faiblesse. Il déshonora le nom français
armi les sauvages par sa perfidie. Sous prétexte de vouloir
rminer les différents par la négociation, il abusa de la con-
ance que les Iroquois avaient dans un jésuite nommé Lam-
reville, pour attirer leurs chefs à une conférence. A peine y
aient-ils rendus qu'ils furent mis aux fers, embarqués à
uébec et conduits aux galères.

Au premier retentissement de cette trahison les anciens
oquois firent appeler leur missionnaire.

« Tout nous autorise à te traiter en ennemi, lui dirent-
ils ; mais nous ne pouvons nous y résoudre. Ton cœur n'a
point eu part à l'insulte qu'on nous a faite, et il serait in-
juste de te punir d'un crime que tu détestes plus que nous.
Mais il faut que tu nous quittes. Une jeunesse inconsidérée
ne pourrait peut-être voir en toi qu'un perfide qui a livré
les chefs de la nation à un indigne esclavage. » Après ce
iscours, ces sauvages que les Européens poursuivaient, don-
èrent des guides au missionnaire, qui ne le quittèrent
u'après l'avoir mis hors de danger, et des deux côtés ont
ourut aux armes.

Les Français portèrent d'abord la terreur chez les Iroquois
oisins des grands lacs ; mais Denouville n'avait ni l'activité,
i la célérité propres à faire valoir ce premier succès. Tandis
u'il refléchissait au lieu d'agir, la campagne se termina sans

aucun avantage permanent. L'audace des peuplades iroquoi
ses redoubla. Celles qui n'étaient pas éloignées des établisse
ments français, y firent à plusieurs reprises les plus horrible
dégâts. Les colons voyant leurs travaux dévastés à un tel poin
qu'il n'était plus possible d'y remédier, ne soupirèrer
qu'après la paix. Le caractère de Denouville secondait ce
désirs ; mais il était difficile d'amener à la conciliation u
ennemi que l'injure devait rendre implacable. Lambrevill
qui conservait encore son premier ascendant sur des espril
effarouchés, fit des ouvertures de paix, on l'écouta.

Mais pendant qu'on négociait, un Machiavel, né dans le
forêts, le Rat, qui était le sauvage, le plus brave, le plu
ferme, le plus éclairé qu'on aie jamais trouvé dans l'Améri
que septentrionale, arriva au fort de Fontenac avec un
troupe choisis de Hurons, bien déterminé à faire des action
dignes de la réputation qu'il avait acquise. On lui dit qu'u
traité était entamé, que des députés Iroquois étaient en che
min pour le conclure à Montréal, qu'ainsi ce serait désoblige
le gouverneur français que de continuer les hostilités contr
une nation avec qui l'on était en voie d'accomodement.

Le Rat, vivement offensé de ce que les Français disposaien
ainsi de la guerre et de la paix sans consulter leurs alliés, ré
solut de punir cet orgueil outrageant. Il dressa une embus
cade aux députés ; les uns furent tués, les autres prisonniers
Quand ceux-ci lui dirent l'objet de leur voyage, il en paru
d'autant plus étonné que Denouville, leur répondit-il
l'avait envoyé pour les surprendre. Poussant la feinte jus
qu'au bout, il les relâcha tous sur l'heure, à l'exceptior

d'un qu'il garda, disait-il, pour remplacer un de ses Hurous tué dans l'attaque. Ensuite il se rendit en toute diligence à Michillimakinac, où il fit présent de son prisonnier au commandant français, qui ne sachant pas que Denouville traitait avec les Iroquois, fit périr le malheureux sauvage. Dès qu'il fut mort, le Rat fit venir un vieil Iroquois, depuis longtemps captif chez les Hurous, et lui donna la liberté pour aller apprendre à sa nation, que tandis que les Français amusaient leurs ennemis par des négociations, ils continuaient à faire des prisonniers et les massacraient. Cet artifice, digne de la politique européenne la plus consommée en méchanceté, réussit au gré du sauvage, le Rat. La guerre recommença donc plus vive qu'auparavant. Elle fut d'autant plus durable que l'Angleterre depuis peu brouillée avec la France à l'occasion du détrônement de Jacques II, crut de son intérêt de s'allier avec les Iroquois.

Une flotte anglaise partie d'Europe en 1690, arriva devant Québec au mois d'octobre pour en former le siége. Elle avait du compter sur une faible résistance, par la diversion que les sauvages feraient en occupant les principales forces de la colonie. Mais elle fut obligée de renoncer honteusement à son entreprise après de grandes pertes, trompée dans son attente par des causes singulières et qui méritent quelque attention.

Le ministère de Londres, en formant le projet d'asservir le Canada, avait décidé que ses forces de terre et de mer y arriveraient parallèlement. Cette combinaison fut exécutée avec la plus grande précision. A mesure que les vaisseaux

remontaient le fleuve Saint-Laurent, les troupes franchis
saient les terres pour aboutir en même temps que la flotte au
théâtre de la guerre. Elles y touchaient presque quand les
Iroquois qui leur servaient de guides et de soutiens, ouvri
rent les yeux sur le danger qu'ils couraient en menant leur
alliés à la conquête de Québec. Placés, dirent-ils dans leur
conseils, entre deux nations européennes, chacune assez fort
pour nous exterminer, également intéressés à notre destruc
tion lorsqu'elles n'auront plus besoin de notre secours, qu
nous reste-t-il, sinon d'empêcher que l'une l'emporte su
l'autre. Alors elle seront forcées de briguer notre allianc
ou d'acheter notre neutralité, ce système qu'on eut dit ima
giné par une politique profonde, détermina les Iroquois
reprendre le chemin de leurs bourgades. Leur retraite en
traîna celle des Anglais; et les Français en sûreté dans le
terres, réunirent avec autant de succès que de concert, tou
tes leurs forces dans leur capitale, pour sa défense.

Les Iroquois enchaînant par politique leur ressentimen
contre la France, et restant attachés plutôt au nom qu'à l'in
térêt de l'Angleterre, ces deux nations ne se causèrent pas l
moitié des maux qu'elles se souhaitaient. Au milieu de
cruautés qu'elle enfanta parmi tous les petits partis combiné
d'Anglais et d'Iroquois, de Français et de Hurons, qui cou
raient faire des dégâts à cent lieues de leurs habitations, o
vit éclore des actions qui semblaient élever la nature hu
maine au-dessus de tant de fureurs.

Des français et des sauvages s'étaient réunis pour une ex
pédition qui demandait une longue marche. Les provision

leur manquèrent en chemin. Les Hurous chassaient, abattaient beaucoup de gibier, et ne manquaient jamais d'en offrir aux Français, moins habiles chasseurs. Ceux-ci voulaient se défendre de cette générosité. — « Vous partagez avec nous les fatigues de la guerre, leur dirent les sauvages, il est juste que nous partagions avec vous les aliments de la vie ; nous ne serions pas hommes d'en agir autrement avec des hommes. » Voici une grandeur d'âme qui n'appartient qu'à des sauvages.

Un corps d'Iroquois, averti qu'un parti de Français et de leurs alliés s'avançait avec des forces supérieures, se dispersa précipitamment. Un Onnontagué qui menait cette troupe, âgé de cent ans dédaigna de fuir, et préféra tomber entre les mains de ses ennemis, quoiqu'il n'en put attendre que des tourments horribles. Quel spectacle se fut de voir quatre cents barbares acharnés autour d'un viellard, qui loin de pousser un soupir, traitant les Français avec un profond mépris, reprochait aux Hurous de s'être rendus esclaves de ces vils Européens ! Un de ses bourreaux outré de ses invectives, lui donna trois coups de poignard pour mettre fin à tant d'insultes.

— Tu as tort, lui dit froidement l'Onnontagué, d'abréger ma vie ; tu aurais eu plus de temps pour apprendre à mourir en homme.

La paix de Riswick, fit cesser tout à la fois les calamités de l'Europe et les hostilités de l'Amérique. A l'exemple des Anglais et des Français, les Iroquois et les Hurous sentirent qu'ils

avaient besoin d'un long repos pour se remettre des fatigu
et des pertes de la guerre. Les sauvages commencèrent à re
pirer, les Européens reprirent leurs travaux et le commer
des pelleteries, le premier que l'on eut pu faire avec d
peuples chasseurs.

CHAPITRE III.

Les pelleteries sont ia base des liaisons des Français avec les sauvages — Le castor. — Ses mœurs. — Chasse faite à cet animal.

Avant la découverte du Canada, les forêts qui le couvraient n'étaient pour ainsi dire qu'un vaste repaire de bêtes fauves. Elles s'y étaient prodigieusement multipliées, parce que le peu d'hommes qui couraient dans ces solitudes, sans troupeaux et sans animaux domestiques, laissaient plus d'espace et de nourriture aux espèces errantes et libres comme eux. Faute d'art et de culture, le sauvage se nourrissait et s'habilllait aux dépens des bêtes. Dès que le luxe eut admis l'usage de leurs peaux, les Américains leur firent une guerre d'autant plus vive qu'elle leur valait une abondance nouvelle, d'autant plus meurtrière qu'ils avaient adopté nos armes à feu. Cette industrie destructive fit passer des bois du Canada dans les ports de France une grande quantité, une grande

diversité de pelleteries dont une partie fut consommé dan
le royaume, et l'autre alla dans les états voisins. La plupar
de ces fourrures étaient connues en Europe. Elle les tirait d
nord de notre hémisphère ; mais en trop petit nombre pou
que l'usage en fut étendu. Le caprice et la nouveauté leur on
donné plus ou moins de vogue, depuis que l'intérêt des colo
nies d'Amérique a voulu qu'elles prissent faveur dans les mé
tropoles. Disons quelque chose de celles dont la mode exist
encore.

La loutre est un animal vorace, qui courant ou nageant su
le bord des lacs et des rivières, vit ordinairement de poisson
et quand il en manque, mange de l'herbe et l'écorce mêm
des plantes aquatiques. Son séjour et son goût dominant l'on
fait ranger parmi les amphibies qui vivent également dan
l'air et dans l'eau ; mais c'est à tort pensons nous, puisque l
loutre a besoin de respirer à peu près comme tous les animau:
terrestres. On trouve quelques fois celui-ci dans tous les cli
mats arrosés qui ne sont pas brûlants ; mais il est bien plu
commun et plus grand dans le nord de l'Amérique. Sa four
rure y est aussi plus noire et plus belle que partout ailleurs
mais en même temps plus difficile à acquérir.

La fouine a le même attrait pour les chasseurs du Canada
Cet animal est de trois espèces. La première est la commune
la seconde s'appelle vison ; et la troisième est nommé
puante, parce que l'urine, que la peur lui fait sans dout
lâcher quand elle est poursuivie empeste l'air à une grand
distance. Leur poil est plus brun, plus lustré et plus soyeu:
que dans nos contrées.

Le rat même est utile par sa peau dans l'Amérique septentrionale. Il y en a surtout deux espèces dont la dépouille entre dans le commerce. L'un qu'on appelle le rat de bois, a deux fois la grosseur de nos rats. Son poil est généralement d'un gris argenté, quelques fois d'un très beau blanc. Sa femelle a sous le ventre une bourse qu'elle ouvre et ferme à son gré. Quand elle est poursuivie, elle y met ses petits et se sauve avec eux. L'autre rat, qu'on appelle musqué, parce que ses testicules renferment du musc, a toutes les inclinations du castor, dont il paraît même être un diminutif, et sa peau sert aux mêmes usages.

L'hermine qui est de la grosseur d'un écureuil, mais un un peu moins allongée, a comme lui les yeux vifs, la physionomie fine et les mouvements si prompts, que l'œil les suit à peine. L'extrémité de sa queue, longue, épaisse, et bien fournie, est d'un noir de jais. Son poil, roux en été comme l'or des moissons ou des fruits, devient en hiver blanc comme la neige. Cet animal vif, léger et joli, fait une des beautés du Canada ; mais quoique plus petit que la martre il n'y est pas aussi commun.

La martre se trouve uniquement dans les pays froids, au centre des forêts, loin de toute habitation, animal chasseur et vivant d'oiseaux. Quoiqu'elle n'ait pas un pied et demi de longueur, les traces qu'elle laisse sur la neige paraissent être d'un animal très grand, parce qu'elle n'avance qu'en sautant, et qu'elle pose toujours deux pattes à la fois. Sa fourrure est recherchée, quoique infiniment moins précieuse que celle de la martre si distinguée sous le nom de zibeline.

Celle-ci est d'un noir luisant. La plus belle parmi les autres est celle dont la peau la plus brune s'étend le long du dos jusqu'au bout de la queue. Les martres ne quittent généralement le fond de leurs bois impénétrables que tous les deux ou trois ans. Les naturels du pays en augurent un bon hiver, c'est-à-dire beaucoup de neige qui doit procurer grande chasse.

Un animal que les anciens appelaient lynx, connue en Sibérie sous le nom de loup-cervier, ne s'appelle que chat-cervier dans le Canada, parce qu'il y est plus petit que dans notre hémisphère. Cet animal, à qui l'erreur populaire n'aurait pas donné les yeux merveilleusement perçants, s'il n'avait la faculté de voir, d'entendre ou de sentir de loin, vit du gibier qu'il peut attrapper et qu'il poursuit jusqu'à la cime des grands arbres. On convient que sa chair est blanche et d'un goût exquis ; mais on ne le recherche à la chasse que pour sa peau, dont le poil est d'un gris-blanc, moins estimée pourtant que celle du renard.

Cet animal carnivore et destructeur est originaire des climats glacés, où la nature qui fournit peu de végétaux, semble obliger tous les animaux à se manger les uns les autres. Naturalisé dans les zônes tempérées, il n'y a pas gardé sa première beauté. Son poil y a dégénéré. Dans le nord, il l'a conservé long et touffu, quelquefois blanc, quelquefois gris, et souvent d'un rouge tirant sur le roux.

On tire de l'Amérique septentrionale, outre ces menus pelleteries, des peaux de cerf, de daim et de chevreuil ; des

ux de renne sous le nom de caribou ; des peaux d'élan,
s le nom d'original. Les deux dernières espèces, qui dans
re hémisphère ne se trouvent que vers le cercle polaire,
an en-deçà, le renne au-delà, se trouvent dans le Nouveau-
nde à de moindres latitudes. Leurs peaux fortes, douces et
elleuses, servent à faire des buffleteries qui pèsent très peu,
chasse de tous ces animaux se fait pour tous les Européens.
is les sauvages en ont une par excellence, qui fut de tout
ips leur chasse favorite. Elle convenait plus à leurs mœurs
rrières, à leur bravoure, et surtout à leurs besoins ; c'est
chasse de l'ours.

Sous un climat froid et rigoureux, cet animal est le plus
linairement noir. Plus farouche que féroce, au lieu de ca-
ne, il choisit pour retraites un tronc creux et pourris de
elque arbre mort sur pied. C'est là qu'il se loge en hiver
plus haut qu'il peut grimper. Comme il est très gras à la
de l'automne, qu'il est vêtu d'un poil très épais, qu'il ne
donne aucun mouvement et qu'il dort presque continuel-
nent, il doit perdre peu par la transpiration et sortir peu
ur chercher sa nourriture. Mais on le force à sortir de son
le en y mettant le feu, et dès qu'il veut descendre il est
attu sous les flèches avant d'arriver à terre. Les sauvages se
urrissent de sa chair, se frottent de sa graisse et se couvrent
sa peau. C'était là le but de la guerre qu'ils faisaient à
urs, lorsqu'un intérêt nouveau tourna leur instinct vers la
asse du castor.

Cet animal à qui la nature inspira l'instinct, donna le be-
n de vivre en société ; cet animal doux et plaintif dont

l'exemple et le sort arrachent des larmes au philosophe qui contemple sa vie et ses mœurs, le castor qui ne nuit à aucun être vivant, qui n'est ni sanguinaire, ni carnassier, est devenu la plus furieuse passion de l'homme chasseur, la proie à laquelle le sauvage est le plus cruellement acharné, grâce à l'implacable avidité des peuples Européens.

Long d'environ trois à quatre pieds, pesant environ cinquante ou soixante livres, il a la tête comme un rat, et il la porte baissée avec le dos arqué comme une souris. Lucrèce a dit, non pas que l'homme a reçu des mains pour s'en servir, mais qu'il a eu des mains et qu'il s'en est servi. De même le castor a des membranes aux pattes de derrière, et il nage ; il a les doigts séparés aux pieds de devant, et ceux-ci lui tiennent lieu de mains ; il a la queue plate, couverte d'écailles et il l'emploie à traîner et à travailler ; il a quatre dents incisives et tranchantes, et il en fait des outils de charpente. Tous ces instruments qui ne sont presque d'aucun usage lorsque l'animal vit seul, ou qui ne le distinguent point alors des autres animaux, lui donnent une industrie supérieure à tous les instincts quand il vit en société.

Sans passions, sans violence et sans ruse, à peine ose-t-il se défendre dans l'état isolé. A moins qu'il ne soit pris il ne sait pas mordre. Mais au défaut d'armes et de malice, il a, dans l'état social, tous les moyens de se conserver sans guerre et de vivre sans faire ni souffrir d'injure. Cet animal paisible et même familier, est d'ailleurs indépendant, et ne s'attachant à personne parce qu'il n'a besoin que de lui même, il entre en communauté, mais il ne veut point servir ni commander.

C'est le besoin commun de vivre et de peupler qui rappelle les castors, et les rassemble en été pour bâtir leurs bourgades d'hiver. Dès les mois de juin et de juillet, ils viennent de tous côtés, et se réunissent au nombre de deux ou trois cents, mais toujours sur le bord des eaux, parce que c'est sur le bord des eaux que cette république doit habiter, à l'abri des invasions. Quelques fois ils préfèrent les lacs dormants au milieu des terres peu fréquentées parce que les eaux y sont toujours à la même hauteur. Quand ils ne trouvent point d'étang, ils en forment dans les eaux courantes des fleuves ou des ruisseaux, et c'est au moyen d'une chaussée ou d'une digue.

Il s'agit d'un pilotis de cent pieds de longueur, sur une épaisseur de douze pieds à la base, qui décroit jusqu'à deux ou trois pieds par un talus, dont la pente et la hauteur répondent à la profondeur des eaux. Pour épargner de faciliter le travail, on choisit l'endroit d'une rivière où il y a le moins d'eau. S'il se trouve sur le bord du fleuve un gros arbre, il faut l'abattre, pour qu'il tombe de lui-même dans le courant. Fut-il plus gros que le corps d'un homme, on le scie, ou plutôt on le ronge au pied à l'aide de quatre dents tranchantes. Il est bientôt dépouillé de ses branches par le peuple ouvrier, qui veut en faire une poutre. Une foule d'autres arbres sont abattus également; mais ils sont plus petits, mis en pièces et taillés pour le pilotis qu'on prépare. Les uns traînent ces arbres jusqu'aux bords de la rivière ; d'autres les conduisent sur l'eau jusqu'à l'endroit où doit se faire la chaussée. Mais comment les enfoncer dans l'eau? Avec les ongles on creuse un trou dans la terre où au fond de l'eau. Avec les dents on appui le gros bout du pieu sur le bord de la rivière où contre le madrier qui la traverse. Avec les pattes on dresse le pieu et on l'enfonce par la pointe dans le trou où il se plante debout. Avec la queue on fait du mortier, dont on remplit tous les intervalles des pieux enlacés de branches, pour maçonner le pilotis. Le talus de la digue est opposé au courant de l'eau pour mieux en rompre la force, et les pieux y sont plantés obliquement, en raison de l'inclinaison du plan. On les plante perpendiculairement du côté où l'eau doit tomber ; et pour lui ménager un écoulement, qui diminue l'action de sa pente et de sa force, on ouvre deux ou trois issues au sommet de la digue, par où la rivière débouche une partie de ses eaux.

Lorsque cet ouvrage est achevé en commun par la république animale, chaque individu songe à se loger. Chaque famille se construit une cabane dans l'eau sur le pilotis. Elles ont depuis quatre jusqu'à dix pieds de diamètre, sur une enceinte ovale ou ronde. Il y en a deux ou trois étages, selon le nombre des habitants de la demeure. Une cabane en contient au moins un ou deux, et quelquefois dix ou quinze. Les murailles plus ou moins élevées ont une épaisseur de deux pieds et se terminent toutes en forme de voûte, maçonnées en dedans comme au-dehors avec élégance et solidité. Les parois sont revêtus d'un stuc imperméable, impé-

trable même pour l'air extérieur. Chaque habitation a deux
rtes, l'une du côté des terres pour aller aux provisions,
utre vers le cours des eaux pour s'enfuir à l'approche de
nnemi, c'est-à-dire de l'homme. La fenêtre de la maison
 ouverte du côté de l'eau. On y prend le frais durant le
ir, plongé dans le bain à mi-corps. Elle sert en hiver à
rantir des glaces qui se forment épaisses de deux ou trois
ds ; la tablette qui doit empêcher qu'elles ne bouchent
tte fenêtre est appuyée sur des pieux qu'on coupe et qu'on
fonce en pente, et qui faisant un bâtardeau devant la mai-
n, laisse une issue pour s'échapper ou nager sous les glaces.
ntérieur du logis a pour tout ornement un plancher jonché
 verdure et tapissé de branches de sapin. On n'y souffre
int d'ordures.

Les matériaux de ces édifices sont toujours voisins de l'em-
acement. Ce sont des aulnes, des peupliers, des arbres qui
ment l'eau. Ces habitants en taillant ce bois s'en nourris-
nt très bien en même temps. A l'exemple de certains sau-
ges de la mer Glaciale, ils en mangent l'écorce. Il est vrai
le ceux-là ne l'aiment que sèche, pilée et apprêtée avec des
goûts, au lieu que ceux-ci la mâchent et la sucent toute
îche.

On fait des provisions d'écorces et de branches tendres dans
s magasiens particuliers à chaque cabane et proportionnés
 nombre de ses habitants. Chaque tribu vit dans son quar-
er, contente de son domaine, mais jalouse de la propriété
'elle s'est acquise par son travail. On y ramasse et on y
pense sans querelles les provisions de la communauté.

Ce républicain, architecte, industrieux, intelligent, prévoyant et systématique dans ses plans de police et de société, c'est le castor dont nous venons de tracer les mœurs douces et dignes d'envie. Heureux si sa dépouille n'acharnait pas l'homme impitoyable à la ruine de ses cabanes et de sa race ! Souvent les Américains on détruit les établissements des castors et ces animaux infatigables ont eu la confiance de les réédifier plusieurs étés de suite dans l'enceinte d'où ils avaient été chassés. C'est en hiver qu'on vient les investir. L'expérience les avertit du danger. A l'approche des chasseurs, un coup de queue fortement frappé sur l'eau donne l'alarme et chacun cherche à se sauver sous les glaces. Mais il est bien difficile d'échapper à tous les piéges qu'on tend à ce peuple innocent.

On prend quelque fois le castor à l'affût, cependant comme il voit et qu'il entend de loin, on ne peut guère le tirer au fusil sur les bords de l'étang, dont il ne s'éloigne jamais assez pour être surpris. L'eût on blessé avant qu'il se fut jeté dans l'eau, il a toujours le temps de s'y plonger ; et s'il meurt de sa blessure, on le perd parce qu'il ne surnage point.

Un moyen plus sûr d'attraper les castors est de dresser des trappes dans les bois où ils vont se régaler d'écorces tendres des jeunes arbres. On garnit ces trappes de copeaux de bois fraîchement coupés ; et dès qu'ils y touchent, un poids énorme tombe et leur casse les reins. L'homme caché dans un lieu voisin accourt, se jette sur sa proie, l'achève et l'emporte.

D'autres sortes de chasse sont encore plus usitées et d'un plus grand succès. Quelquefois on attaque les cabanes pour en faire sortir les habitants, et l'on va les attendre au bord des trous qu'on a pratiqué dans la glace parce qu'ils ont besoin d'y venir pour respirer l'air. On saisit ce moment pour les tuer. D'autres fois, l'animal chassé de son logement, tombe dans des filets dont on l'a environné tout autour, en brisant la glace à quelques mètres de sa cabane. Veut-on prendre la peuplade entière, au lieu de rompre les écluses pour noyer les habitants, on ouvre la chaussée pour laisser écouler l'eau de l'étang où les castors vivent. Restés à sec, hors d'état de s'échapper ou de se défendre, on les prend à loisir et à volonté. Mais on a toujours soin d'en laisser un certain nombre, mâles et femelles pour repeupler l'habitation. Le castor, dont le cri plaintif semble implorer sa clémence et sa pitié ne trouve plus dans le sauvage qu'un ennemis impitoyable et acharné qui ne le poursuit que pour satisfaire une cupidité jusqu'alors inconnue dans sa nation.

On trouve des castors en Amérique, depuis le trentième degré de latitude septentrionale jusqu'au soixantième. Toujours en petit nombre dans le midi, leur nombre s'accroît et leur poil brunit en avançant vers le nord. Jaunes et couleur de paille chez les Illinois, châtains un peu plus haut, couleur marron au Canada, on en trouve enfin de tout noirs, et ce sont les plus beaux. Cependant sous ce climat, le plus froid qui soit habité par cette espèce, il y en a parmi les noirs de tout à fait blancs ; d'autres d'un blanc taché de gris, et quelque fois de roux sur la croupe : tant la nature plaît à marquer les nuances du chaud et du froid. De couleur de leurs peaux dépend le prix que les homn attachent à leur vie. Il y en a qu'ils méprisent jusqu'à pas daigner les tuer. Mais ceux là sont rares.

CHAPITRE IV.

En quels lieux et de quelles manière se faisait le commerce des fourrures. — Guerres dans les quelles les Français se trouvent engagés dans le Canada. — La France cède une partie des provinces unies au Canada.

Le commerce des pelleteries fut le premier objet des transactions européennes au Canada. La colonie française fit d'abord ce genre d'industrie à Tadoussac, port situé à trente lieues au-dessous de Québec. Vers l'an 1640, la ville des Trois-Rivières, bâtie à vingt-cinq lieues plus haut que cette capitale, devint un second entrepôt. Avec le temps, Montréal attira seul toutes les pelleteries. On les voyait arriver au mois de juin sur des canots d'écorce d'arbre. Le nombre des sauvages qui les apportaient ne manqua pas de grossir à mesure que le nom français s'étendit au loin. Le récit de l'accueil qu'on leur avait fait, la vue de ce qu'ils avaient reçu en échange de leurs marchandises, tout augmentait le concours. Jamais ils ne revenaient vendre leurs fourrures sans conduire avec eux une nouvelle nation. C'est ainsi qu'on vit se former une espèce de foire où se rendaient tous les peuples de ce vaste continent.

Les Anglais furent jaloux de cette branche de richesse; et la colonie qu'ils avaient fondée à la Nouvelle-Yorck ne tarda pas à détourner une si grande circulation. Après s'être assurés de leur subsistance en donnant leurs premiers soins à l'agriculture, ils pensèrent au commerce des pelleteries. Il fut borné d'abord au pays des Iroquois. Les cinq nations de ce nom ne souffraient pas qu'on traversât leurs terres pour aller traiter avec d'autres nations sauvages qu'elles avaient constamment pour ennemies, ni que celles-ci vinssent sur leur territoire leur disputer, par la concurrence, les profits d'un commerce ouvert avec les Européens. Mais le temps ayant éteint ou plutôt suspendu les hostilités nationales entre les sauvages, l'Anglais, comme toujours il a fait, se répandit de tous côtés, et de tous côtés on accourut à lui. Ce peuple avait des avantages infinis pour obtenir des préférences sur le Français son rival, sa navigation était plus facile, et dès lors ses marchandises s'offraient à meilleur marché. Il fabriquait seul les grosses étoffes qui convenaient le mieux au goût des sauvages. Le commerce du castor était libre chez lui, tandis que chez les Français il était et fut toujours asservi aux entraves du monopole. C'est avec cette liberté, cette facilité qu'il intercepta la plus grande partie des marchandises qui faisaient la célébrité de Montréal.

Alors s'étendit parmi les Français du Canada un usage qu'ils avaient resserré dans des bornes assez étroites. La passion de courir les bois, qui fut celle des premiers colons, avait été sagement restreinte aux limites du territoire de la colonie. Seulement on accordait chaque année à vingt-cinq personnes la permission de franchir ces bornes pour aller faire le commerce chez les sauvages. L'ascendant que prenait la nouvelle Yorck rendit ces congés beaucoup plus fréquents. Ils duraient un an et même au-delà. On les vendait et le produit en était distribué, par le gouverneur de la colonie aux officiers ou à leurs veuves et à leurs enfants, ou aux missionnaires, à ceux qui s'étaient signalés par des entreprises utiles, quelques fois enfin aux créatures du commandant lui-même qui vendait des permissions. L'argent qu'il ne donnait pas, ou qu'il voulait bien ne pas garder était versé dans les caisses publiques; mais il ne devait compte à personne de cette administration.

Elle eut des suites funestes. Plusieurs de ceux qui faisaient le commerce se fixaient parmi les sauvages pour se soustraire aux associés dont ils avaient négocié les marchandises. Un plus grand nombre encore allaient s'établir chez les Anglais où les profits étaient plus considérables. Sur des lacs immenses, souvent agités par de violentes tempêtes; parmi des cascades qui rendent si dangereuse la navigation des fleuves les plus larges du monde entier; sous le poids des canots, des vivres, des marchandises qu'il fallait voiturer sur les épaules dans les *portages,* où la rapidité, le peu de profondeur des eaux obligent de quitter les rivières pour aller par terre; à travers tant de dangers et de fatigues, on perdait beaucoup de monde. Il en périssait dans les neiges ou dans les glaces; par la faim ou par le fer de l'ennemi. Ceux qui, rentraient dans la colonie avec un bénéfice de six ou sept cents pour cent, ne lui devenaient pas toujours utiles, soit parce qu'ils s'y livraient aux plus grands excès, soit parce que leur exemple inspirait le dégoût du travail assidu. Leurs fortunes, subitement amassées, disparaissaient aussi vite : semblables à ces montagnes mouvantes qu'un tourbillon de vent élève et détruit tout à coup dans les plaines sablonneuses de l'Afrique. La plupart de ces coureurs, épuisés par les fatigues excessives de leur avarice, par les débauches d'une vie errante et libertine, traînaient dans l'indigence et dans l'opprobre une vieillesse prématurée. Le gouvernement ouvrit les yeux, et donna une nouvelle direction au commerce des pelleteries.

Depuis longtemps la France travaillait sans relâche à élever une échelle de forts qu'elle croyait nécessaire à sa conservation, à son agrandissement, dans l'Amérique septentrionale. Ceux qu'elle avait construits, soit à l'ouest, au midi du fleuve Saint-Laurent, pour resserrer l'ambition des Anglais, avaient de la grandeur, de la solidité. Ceux qu'elle avait jetés sur les différents lacs, dans les positions importantes, formaient une chaîne qui s'étendait au nord jusqu'à mille lieues de Québec ; mais ce n'étaient que de misérables palissades destinées à contenir les sauvages, à s'assurer de leur alliance et du produit de leurs chasses. Il y avait dans tous une garnison plus ou moins nombreuse, en raison de l'importance du poste et des ennemis qui le menaçaient. C'est au commandant de ces forts qu'on jugea devoir confier le droit exclusif, d'acheter et de vendre dans toute l'étendue de sa domination. Ce privilége s'achetait ; mais comme il était toujours une occasion de gain, souvent même d'une fortune considérable, il n'était accordé qu'aux officiers les plus favorisés. S'il s'en rencontrait parmi eux qui n'eussent pas les fonds nécessaires pour l'exploitation, ils trouvaient aisément des capitalistes qui s'associaient à leur entreprise. On prétendait que, loin de contrarier le bien du service, ce système lui était favorable, parce qu'il mettait les militaires dans la nécessité d'avoir des liaisons plus suivies avec les naturels du pays, de mieux éclairer leurs mouvements, de ne rien négliger pour s'assurer de leur amitié. Personne ne voyait ou ne voulait voir que cette disposition ne manquerait pas d'étouffer tout autre sentiment que celui de l'intérêt, et serait la source d'une oppression constante.

Ce monopole devenu en peu de temps universel, se fit sentir plus fortement à Frontenac, à Niagara et à Toronto. Les fermiers de ces trois forts abusant de leur privilége exclusif, estimaient si peu ce qu'on leur présentait, donnaient une si grande valeur à ce qu'ils offraient en échange, que les sauvages perdirent peu à peu l'habitude de s'y arrêter. Ils se rendaient en foule à Chouegueu sur le lac Ontario, où les Anglais leur offraient des conditions plus avantageuses. On fit craindre à la cour de France les suites de ces nouvelles liaisons. Elle réussit à les affaiblir, en prenant elle même le commerce de ces trois portes et donnant un meilleur traitement aux sauvages que la nation rivale.

Qu'en arriva-t-il ? Le roi fut seul en possession des pelleteries qu'on rebutait ailleurs ; le roi eut sans concurrence les peaux des bêtes qu'on tuait en été ou en automne : ce qu'il y avait de moins beau, de moins garni de poils, de plus sujet à se corrompre, fut pour le compte du roi. Toutes ces mauvaises pelleteries achetées sans fidélité, étaient entassées dans des magasins où elles devenaient la proie des vers. Lorsque la saison de les envoyer à Québec était venue, on les chargeait sur des bateaux, abandonnées à la merci des soldats, des passagers, des matelots, qui n'ayant aucun intérêt sur ces marchandises, ne portaient pas la moindre attention à les garantir de l'humidité. Arrivées sous les yeux des administrateurs de la colonie, elles étaient vendues la moitié du peu qu'elles valaient. C'est ainsi que des avances considérables faites par le gouvernement lui retournaient en pure perte.

Mais si ce commerce ne produisait rien au roi, l'on peut croire qu'il fut beaucoup avantageux aux sauvages, quoique l'or et l'argent n'en fussent point le signe dangereux. En échange de leurs pelleteries, ils recevaient des scies, des couteaux, des haches, des chaudières, des hameçons, des aiguilles, du fil, des toiles communes, de grosses étoffes de laine, premiers gages de sociabilité. Mais on leur vendait aussi ce qui leur était préjudiciable, même à titre de don et de présent, des fusils, de la poudre, du plomb, du tabac et surtout de l'eau-de-vie.

Cette boisson, le présent le plus funeste, que l'ancien monde ait fait au nouveau, n'eût pas été plutôt connue des sauvages, qu'elle devint l'objet de leur plus forte passion. Il leur était également impossible, et de s'en abstenir et d'en user avec modération. On ne tarda pas à s'apercevoir qu'elle troublait leur paix domestique ; qu'elle leur ôtait le jugement ; qu'elle les rendait furieux ; qu'elle portait les maris, les femmes, les enfants, les frères et les sœurs à s'insulter, à se mordre, à se déchirer. Inutilement quelques Français honnêtes voulurent les faire rougir de ces excès. « C'est » vous, dirent-ils, qui nous avez accoutumées à cette liqueur ; » nous ne pouvons plus nous en passer ; et si vous refusez » de nous en donner, nous en irons chercher chez les » Anglais. C'est vous qui avez fait le mal il est sans re- » mède. »

La cour de France, tantôt bien, tantôt mal informée des désordres qu'occasionnait un si funeste commerce, l'a tour à tour proscrit, toléré, autorisé, en raison des biens ou des maux qu'on faisait envisager à ses ministres. La vente de l'eau-de-vie fut à peu près égale dans tous les temps, et l'intérêt des marchands s'arrêta rarement. Cependant les esprits sages regardaient l'eau-de-vie comme la cause principale de la diminution d'hommes, et par conséquent des peaux de bêtes, diminution qui devenait plus sensible tous les jours.

Cette décadence n'était pas encore arrivée au point où on l'a vue depuis, lorsque l'élévation du duc d'Anjou sur le trône de Charles-Quint remplit l'Europe d'inquiétudes, et la replongea dans les horreurs d'une guerre universelle. Les flammes de l'incendie général allèrent par de là les mers. Il approchait du Canada. Les Iroquois empêchèrent qu'il ne s'y communiquat. Depuis longtemps les Anglais et les Français briguaient à l'envi l'alliance de ce peuple. Ces témoignages ou d'estime, ou de crainte avaient enflé son cœur naturellement haut. Il se croyait l'arbitre des deux nations rivales, et prétendait que ses intérêts devaient régler leur conduite. Comme la paix lui convenait alors, il déclara fièrement qu'il prendrait les armes contre celui des deux ennemis qui commencerait les hostilités. Cette résolution s'accordait avec la situation de la colonie française, qui n'avait que peu de moyens pour la guerre, et n'en attendait point de sa métropole. La Nouvelle-Yorck, au contraire, dont les forces considérables augmentaient de jour en jour, voulait entraîner les Iroquois dans sa querelle. Ses insinuations, ses présents, ses négociations furent inutiles jusqu'en 1709. A cette époque, elle réussit à séduire quatre des cinq nations ; et ses troupes restées jusqu'alors dans l'inaction, s'ébranlèrent, soutenues d'un grand nombre de guerriers sauvages.

L'armée s'avançait fièrement vers le centre du Canada, avec l'assurance presque infaillible de le conquérir, lorsqu'un chef Iroquois, qui n'avait jamais approuvé la conduite qu'ont tenait, dit simplement aux siens : « Que deviendrons-nous, si nous réussissons à chasser les Français ?

Ce peu de mots prononcés mystérieusement et avec un air d'inquiétude, rappela à tous les esprits le premier système, qui était de tenir la balance égale entre les deux peuples étrangers pour assurer l'indépendance de la nation iroquoise. Aussitôt il fut résolu d'abandonner un parti qu'on avait pris témérairement contre l'intérêt public ; mais comme il paraissait honteux de s'en détacher ouvertement, on crut pouvoir suppléer à une défection manifeste par une trahison secrète.

On s'était arrêté sur le bord d'une petite rivière où l'on attendait les munitions et l'artillerie. L'Iroquois qui passait à la chasse tout le loisir que lui laissait la guerre, imagina de jeter dans la rivière un peu au-dessus du camp, toutes les peaux d'animaux qu'il écorchait. Les eaux en furent bientôt infectées. Les Anglais qui ne se défiaient point d'une pareille perfidie, continuèrent malheureusement à puiser dans cette source empestée. Il en périt subitement un si grand nombre, qu'on fut obligé de renoncer à la suite des opérations militaires. Un danger plus grand encore menaça la colonie française. Une flotte nombreuse destinée contre Québec, et qui portait cinq ou six mille hommes de débarquement, entra l'année suivante dans le fleuve Saint-Laurent. Elle paraissait sûre de vaincre, si elle fût arrivée au terme de sa destination. Mais la présomption de son amiral et le courroux des éléments la firent périr en route. Ainsi le Canada, tout à la fois délivré de ses inquiétudes, et du côté de la terre et du côté de la mer, eut la gloire de s'être maintenu sans secours et sans perte, contre la force et la politique des Anglais.

Cependant la France, qui pendant quarante ans avait soutenu seule tous les efforts de l'Europe conjurée, vaincu ou repoussé toutes les nations réunies ; la France qui avait produit dans son sein assez de grands hommes pour immortaliser vingt règnes, et sans un seul règne tout ce qui peut

élever la grandeur de vingt peuples ; la France allait cou-
ronner tant de gloire et de succès en plaçant une branche de
sa maison royale sur le trône des Espagnes. La crainte des
suites que pouvait avoir une si prodigieuse augmentation de
puissance, suscita des ennemis sans nombre à cet état redou-
table. Ce ne fut pas la fortune ; mais la nature même des
choses qui changea les destinées de cette nation. Fière,
brillante et vigoureuse sous un roi éblouissant de toutes les
grâces et de la force de la jeunesse, après s'être élevée avec
lui par tous les degrés de la gloire et de la grandeur, elle
descendit et déclina comme lui par toutes les périodes de la
décadence attachée à l'humanité.

Telle fut la fin du règne de Louis XVI. Après une suite de
défaites et d'humiliations, il fut trop heureux d'acheter la paix
par des sacrifices qui marquaient son abaissement. Mais il
sembla les dérober aux yeux de son peuple, en les faisant
surtout au-delà des mers. Combien il en dut coûter à sa
fierté de céder aux Anglais dans l'Amérique septentrionale,
la baie d'Hudson, Terre-Neuve et l'Acadie ! Il ne lui resta
plus dans cette partie du Nouveau-Monde que le Canada,
qui ne paraissait guère propre à le consoler de tant de
pertes.

A l'époque de la pacification, d'Utrechton ne comptait que
vingt mille âmes dans la colonie. Le bon esprit qui se répandit alors dans une grande partie du globe, tira le Canada de
l'engourdissement où il avait été si longtemps plongé.
De 1753 à 1758, la population s'y éleva à quatre-vingt-onze
mille âmes, indépendamment des troupes régulières qui fu-

rent plus ou moins multipliées selon les circonstances. Ce nombre ne comprenait pas les nombreux alliés répandus dans une espace de douze cents lieues, ni même les seize mille Indiens domiciliés au centre ou dans le voisinage des habitations françaises. Voici comment était groupée cette population.

CHAPITRE V.

Une partie des habitants de la colonie française était concentrée dans trois villes. Québec, capitale du Canada, est à quinze cents lieues de la France, et à cent-vingt lieues de la mer. Bâtie en amphithéâtre sur une péninsule formée par le fleuve Saint-Laurent, et par la rivière Saint-Charles, elle domine de vastes campagnes qui l'enrichissent, et une rade très sure ouverte à plus de deux cents vaisseaux. Son enceinte est de trois milles. Les eaux et les rochers en couvrent les deux tiers, et la défendent encore mieux que les fortifications élevées sur les remparts qui coupent la péninsule. Ses maisons sont d'une assez bonne architecture. On y comptait environ 10,000 âmes au commencement de 1759. C'était le centre du commerce et le siége du gouvernement.

La ville des Trois-Rivières, bâtie dix ans après Québec, et située vingt-cinq lieues plus haut, dut sa naissance à la facilité que les sauvages du Nord devaient y trouver pour faire leurs échanges. Mais eet établissement, qui fut brillant dans son origine, n'a jamais pu pousser sa population au-delà de 1,500 habitants, parce que le commerce des pelleteries ne tarda pas à se détourner de ce marché pour ce porter à Montréal.

C'est une île longue de dix lieues, large de quatre au plus, formée par le fleuve Saint-Laurent, soixante lieues au-dessus de Québec.

De tous les pays qui l'environnent, il n'en est point où le climat soit aussi doux, la nature aussi belle et aussi fertile. Quelques cabanes qui s'y étaient élevées en 1640, se changèrent en une ville régulièrement bâtie et bien percée, qui contenait environ quatre mille habitants. Elle fut d'abord exposée aux insultes des sauvages ; mais bientôt on l'entoura de mauvaises palissades, et plus tard d'un mur crénelé de quinze pieds de hauteur. Sa décadence commença lors des incursions des Iroquois, qui obligèrent les Français de jeter des forts plus loin afin de s'assurer le monopole des fourrures.

Les autres colons, qui n'étaient point renfermés dans les remparts de ces trois villes, n'habitaient point de bourgades ; mais ils étaient épars sur les rives du fleuve Saint-Laurent. On n'en voyait pas auprès de son embouchure. Le sol y était trop ingrat, et le climat trop rigoureux pour que les hommes et les plantes pussent y prospérer. Au fur et à mesure qu'on remontait la rivière, la végétation perdait bien quelque chose de son âpreté, mais pas assez encore pour y retenir quelques habitants. Ce n'était qu'à l'île aux Coudres, située quatorze ou quinze lieues au-dessous de Québec, que commençaient les vrais cultures, et elles devenaient toujours plus florissantes jusqu'au côteau des cèdres, situé quinze lieues plus haut que Montréal. On imaginerait difficilement quelque chose de plus pittoresque que les riches bordures de ce vaste canal. Des bois jetés çà et là, qui décoraient des montagnes chevelues, des prairies couvertes de troupeaux, des champs ondoyants de moissons, des ruisseaux limpides et bleus qui se jetaient dans le fleuve, des églises et des habitations seigneuriales que l'on découvrait de distance en distance à travers les arbres, tout cela formait une suite de paysages que l'œil ne pouvait se lasser d'admirer.

La nature elle même dirigeait les travaux du cultivateur. Elle lui avait appris à dédaigner les terres aquatiques, sablonneuses ; celles où le pins, le sapins, le cèdre, cherchaient un asile isolé. Mais quand il apercevait un sol couvert d'érables, de chênes, de hêtres, de charmes et de merisiers, il pouvait lui demander d'abondantes récoltes de froment, de seigle, de maïs, d'orge, de lin, de chanvre, de tabac, de légumes et d'herbes potagères de toutes les espèces. La plupart des habitants possédaient une vingtaine de moutons dont la toison leur était précieuse ; dix ou douze vaches qui leur donnaient du lait ; cinq ou six bœufs consacrés au labourage. Tous ces animaux étaient petits, mais d'une chair exquise. Ils faisaient partie d'une aisance inconnue jusqu'alors.

Cette espèce d'opulence permettait aux colons d'avoir un assez grand nombre de chevaux qui n'était pas d'une beauté supérieure, mais durs à la fatigue, et très propres à faire de longues courses sur la neige. Aussi se plaisait-on à les multiplier dans la colonie, et poussait-on ce goût jusqu'à leur prodiguer pendant l'hiver des grains qui étaient regrettés dans d'autres saisons.

Telle était la position des quatre-vingt-cinq mille Français, dispersés ou réunis sur les rives du fleuve Saint-Laurent. Au dessus de sa source et dans les contrées connues sous le nom *de pays d'en haut*, on pouvait en compter huit mille qui s'adonnaient plus particulièrement à la chasse et au commerce qu'à l'agriculture.

Leur premier établissement était Cataraconi, ou pour mieux dire le fort de Frontenac, bâti en 1671, à l'entrée du lac Ontario pour arrêter les incursions des Anglais et des Iroquois. La baie de ce lieu servait de port à la maison marchande et militaire qu'on avait formée sur cette espèce de mer, où les tempêtes ne sont guère moins fréquentes et guère moins terribles que sur l'Océan. Entre le lac Ontario et le lac Erié, qui ont chacun trois cents lieues de circuit, est un continent de quatorze lieues. Cette terre est coupée vers le milieu par la fameuse cataracte de Niagara, qui, par sa hauteur, sa largeur, sa forme, et par la quantité de ses eaux est la plus étonnante du monde. C'est au-dessus de cette magifique et terrible cascade que la France avait élevée des fortifications dans le but d'empêcher les sauvages de porter leurs pelleteries à la nation rivale.

Au-delà du lac Erié, s'étend une terre qu'on a nommé *le Détroit*. Elle surpasse le Canada par la douceur du climat, par la beauté et la variété du paysage, par la fertilité du sol, par l'abondance de la chasse et de la pêche. Tout est prodigué pour en faire un séjour délicieux. Mais ce ne fut pas la beauté du lieu qui engagea les Français à s'y établir : ce fut plutôt le voisinage de plusieurs nations sauvages dont on pouvait tirer énormément de fourrures. Ce commerce s'accrut avec assez de rapidité. Le succès de ce nouvel établissement fit déchoir le poste de Michillimakinac placé cent lieues plus loin, entre le lac Michigau, le lac Huron et le lac supérieur, tous trois navigables. La plus grande partie du commerce qu'on y faisait se porta au Détroit où il se fixa.

Outre les forts dont nous venons de parler, on en voyait de moins considérables élevés çà et là, sur des rivières ou dans des gorges de montagnes ; car le premier sentiment de l'intérêt est la défiance. Chacun de ces forts protégeait les Français établis aux environs.

Peu de colons avaient les mœurs désirables. Ceux que les travaux champêtres fixaient à la campagne, ne donnaient durant l'hiver que des soins à leur troupeaux, ou à quelques autres occupations indispensables. Le reste du temps était consumé dans l'inaction. Quant le printemps les appelait au travail indispensable des terres, ils labouraient superficiellement, sans engrais, ensemençaient sans soin et attendaient patiemment la saison de la maturité.

Le froid excessif des hivers qui suspendait le cours des fleuves, enchaînait aussi l'activité des habitants.

Cependant l'oisiveté, les préjugés et la frivolité n'auraient pas eu cet ascendant au Canada, si le gouvernement avait su y occuper les esprits à des objets utiles et solides.

La pêche ne tenta guère plus les Français Canadiens que l'agriculture. La seule qui fut un objet d'exportation, était celle du loup marin.

Cet animal a été quelquefois classé parmi les poissons, quoiqu'il ne soit pas muet, et que né sur la terre, il y vive plus habituellement que dans l'eau. Sa tête approche un peu de celle du dogue. Il a quatre pattes fort courtes, surtout celles de derrière qui lui servent plutôt à ramper qu'à marcher. Aussi sont elles en forme de nageoires, tandis que celles de devant ont des ongles. Il a la peau dure et couverte d'un poil ras. Il est de couleur blanche en naissant, mais il change avec l'âge. Son poil devient roux ou noir. Quelquefois il réunit les trois couleurs.

On distingue deux sortes de loups marins. Ceux de la plus grosse espèce pèsent jusqu'à deux mille livres, et semblent avoir le nez plus pointu que les autres. Les petits dont la peau est généralement tigrée, sont plus vifs, plus adroits à se tirer des pièges qu'on leur tend. Les sauvages les apprivoisent jusqu'à s'en faire suivre.

C'est sur des rochers, et quelquefois sur la glace, que les

uns et les autres s'accouplent et que les petits naissent. La portée ordinaire est de deux, et les mères allaitent souvent dans l'eau, mais le plus souvent à terre. Quand elles veulent accoutumer leur progéniture à nager, elles les portent dit-on, sur le dos, les laissent aller de temps en temps dans l'eau, puis les reprennent, et continuent ce manége jusqu'à ce qu'ils soient en état de braver seuls les flots. La pluspart des petits oiseaux voltigent de branche en branche avant de voler dans l'air. L'aigle porte ses aiglons pour les accoutumer à défier les vents. Doit-il être surprenant que le loup marin, né sur la terre exerce ses petits à vivre dans l'eau?

On ne pêche cet amphibie qu'à Labrador. Les Canadiens se rendent à cette contrée glaciale vers le milieu d'octobre et y séjournent jusqu'au commencement de juin. C'est entre le continent et quelques petites îles peu éloignées qu'ils tendent leurs filets. Les loups marins qui viennent ordinairement de l'est, et en grandes bandes, veulent passer ces espèces de dé- troits et s'y trouvent pris. Portés à terre ils y restent gelés jusqu'aux mois de mai. Alors on les jette dans une chaudière ardente, d'où leur graisse coule dans un autre vase où elle se refroidit. Sept ou huit de ces animaux donnent une barrique d'huile.

La peau des phoques autrement dits loups marins, servit premièrement à faire des manchons. On l'employa depuis à couvrir les malles, à faire des souliers et des bottines. Lors- qu'elle est bien tannée elle a presque le même grain que le maroquin. Si d'une part elle est moins fine, de l'autre elle conserve plus longtemps sa fraîcheur.

Généralement on convient que la chair de cet animal n'est pas mauvaise ; mais on gagne davantage à la réduire en huile. Elle est longtemps claire, elle sert à brûler ou bien à préparer des cuirs.

Le Canada envoyait annuellement à la pêche du phoque, cinq ou six petits bâtiments, et il en expédiait un ou deux de moins aux Antilles.

CHAPITRE VI

Dieu avait disposé cette région pour la production de tous les grains. Ils y sont d'une quantité supérieure et exposés à peu d'accidents, puisque semés en mai, ils sont cueillis avant la fin d'août. Le besoin des îles de l'Amérique et d'une partie de l'Europe, en assurait le débit à un prix avantageux. Cependant il ne fut jamais cultivé de blé que ce qu'il en fallait pour les colons, qui même quelques fois furent réduits à tirer leurs subsistances des marchés étrangers.

Si la culture s'était étendue et perfectionnée, les troupeaux se seraient multipliés. L'abondance du gland et la quantité des pâturages, auraient mis les colons à même d'élever assez de bœufs et de cochons pour remplacer dans les îles françaises, les viandes salées que leur fournissait l'Irlande. Peut-être même, leur nombre se serait-il accru au point d'approvisionner les navigateurs de la métropole.

On aurait pas retiré les mêmes avantages des bêtes à laine, quand même la rigueur du climat ne se serait pas invinciblement opposée à leur multiplication. Leur toison était trop grossière.

On ne doit pas dire la même chose du gin-seng. Cette plante, que les Chinois tirent de la Corée où de la Tartarie, et qu'ils achètent au poids de l'or, fut trouvée en 1718, par un jésuite nommé Lafitau, dans les forêts du Canada, où elles est commune. On la porta bientôt à Canton. Elle y fut très prisée, et chèrement vendue. Ce succès fit que la livre de gin-seng, qui ne valait d'abord à Québec que trente ou quarante sous, y monta jusqu'à vingt-cinq francs. Il en sortit en 1752, pour cinq cent mille francs. L'empressement qu'excita cette plante, poussa les Canadiens à cueillir dès le mois de mai ; ce qui ne devait l'être qu'en septembre, et à faire sécher au four ce qui ne devait être séché que lentement et à l'ombre. Cette faute décria le gin-seng du Canada, chez le seul peuple de la terre qui s'en servait, et qui le recherchait. La colonie fut cruellement punie de son excessive avidité, par la perte totale d'une branche de commerce, qui bien dirigée pouvait devenir une source d'opulence.

Une veine plus sûre encore s'offrait à l'industrie, c'était l'exploitation des mines de fer si communes dans ces contrées. Quel parti, la cour de Versailles, aurait pu tirer de la mine découverte aux Trois-Rivières, à la superficie de la terre et de la plus grande abondance ! On n'y fit d'abord que des travaux faibles et mal dirigés. Un maître de forge arrivé d'Europe en 1739 les augmenta, les perfectionna. La colonie ne connut plus d'autres fers ; on en exporta même quelques essais, mais on s'arrêta là. Cette négligence était d'autant plus blâmable, qu'à cette époque on avait pris la résolution, après bien des incertitudes, de former un établissement maritime dans le Canada.

Les premiers européens qui abordèrent dans cette vaste contrée la trouvèrent couverte de forêts. Les arbres qui y dominaient étaient des chênes, d'une hauteur prodigieuse, et des pins de toutes les grandeurs. L'extraction de ces bois était facile par le fleuve Saint-Laurent et par les innombrables rivières qui s'y jettent. On ne sait comment tant de richesses furent longtemps négligées ou méprisées. Les yeux s'ouvrirent enfin. Le gouvernement donna des ordres, et des ateliers pour la construction, des vaisseaux de guerre s'élevèrent à Québec. Malheureusement il plaça sa confiance dans des agents qui n'avaient que leurs intérêts particuliers en vue.

Il fallait couper des bois sur les hauteurs où le froid et l'air rendent les arbres plus durs en resserrant leurs fibres ; on les prit constamment dans les marais et sur les bords des rivières, où l'humidité leur donne un tissu lâche et gras. Au lieu de les transporter dans des embarcations, on les faisait flotter sur des radeaux jusqu'à l'endroit de leur destination où ils étaient oubliés et laissés dans l'eau. Ils y contractaient une moisissure et une espèce de mousse qui les échauffait. Il eut fallu les recevoir à terre sous des hangars ; ils étaient exposés au soleil de l'été, aux neiges de l'hiver, aux pluies du printemps et de l'automne. De là traînés dans les chantiers, ils y essuyaient pendant deux ou trois ans encore l'inclémence de toutes les saisons. La négligence ou la mauvaise foi multipliaient les frais au point qu'on tirait d'Europe les voiles, les cordages, le brai, le goudron, pour un pays qui, avec quelques soins et du travail, pouvait approvisonner la France entière de toutes ces matières. De telle sorte que les bois du Canada furent décriés, et les ressources que ce pays offrait à la marine furent entièrement anéanties.

La colonie offrait aux manufactures de la métropole une branche d'industrie presque exclusive : c'était la préparation de la peau de castor. Cette marchandise tomba d'abord dans les entraves du monopole. La compagnie des Indes ne fit qu'un usage pernicieux de son privilége. Ce qu'elle achetait des sauvages se payait surtout avec des écarlatines d'Angleterre, étoffes de laine dont ces peuples aimaient à se parer et à s'habiller. Mais, comme ils trouvaient dans les établissements Anglais vingt-cinq ou trente pour cent au-dessus du prix que la compagnie mettait à leur marchandise, ils y portaient tout, et prenaient en échange de leur castor des draps d'Angleterre ou des toiles des Indes. Ainsi la France n'eût plus d'avantages dans ce monopole d'une compagnie.

Cette puissance ne connut pas mieux les facilités qu'elle avait pour établir la pêche de la baleine dans le Canada.

Le détroit de Davis et de Groënland sont les sources les plus abondantes de cette pêche. Le premier de ces parages voit arriver annuellement cinquante navires, et le second cent cinquante. Les Hollandais y concourrent pour plus des trois quarts.

Le bénéfice minime retiré de cette pêche a dégoûté peu à peu les Basques, d'une carrière où ils étaient entrés les premiers. D'autres français ne les ont pas remplacés ; et il est arrivé que la nation qui faisait la plus grande consommation de l'huile des fanons et du blanc de la baleine en a tout à fait abandonné la pêche.

Il était aisé de la reprendre dans le golfe Saint-Laurent, et même à l'embouchure du Saguenay, tout près de l'excellent port de Tadoussac. On dit même qu'elle y a été essayée lors de l'arrivée des Français dans le Canada, et qu'elle n'a été interrompue que parce que les fourrures offraient des bénéfices plus rapides et plus faciles. Ce qui est sûr, c'est que les pêcheurs auraient couru moins de dangers, auraient été obligés à moins de dépense que ceux qui se rendent dans le détroit de Davis et dans le Groënland. Le destin de cette colonie a toujours voulu que les meilleurs projets n'y eussent point de consistance, et le gouvernement n'a rien fait en particulier pour encourager la pêche de la baleine, qui pouvait former un essaim de navigateurs et donner à la France une nouvelle branche de commerce.

Cette indifférence s'est étendue plus loin. La morue se plaît sur le fleuve Saint-Laurent jusqu'à quatre-vingts lieues de la mer. On peut la prendre passagèrement sur ce vaste espace. Cependant il eut été préférable d'établir une pêche sédentaire au Havre du Mont-Louis, placé à l'embouchure d'une jolierivière qui reçoit des bâtiments de cent tonneaux, et qui les met à l'abri de tous dangers. Le poisson y abondent plus qu'ailleurs; le rivage offre pour le faire sécher toutes les facilités qu'on peut désirer; et les terres voisines sont très propres au pâturage et à la culture. Tout porte à croire que des habitants y prospéreraient. On le pensa ainsi en 1697. Par les soins de Riverain, homme actif et intelligent, fut formée à cette époque une association pour cette entreprise. Des contrariétés sans nombre la firent échouer. Ce projet fut repris depuis, mais très mollement exécuté. Ce fut un grand malheur pour le Canada.

On ne peut disconvenir que la nature n'opposât quelque obstacle aux entreprises diverses. Le fleuve Saint-Laurent est fermé six mois de l'année par les glaces. Le reste du temps, ce sont des brouillards épais, des courants rapides, des bancs de sables et des rochers à fleur d'eau, qui rendent la navigation impraticable pendant la nuit, et dangereuse durant le jour. Depuis Québec jusqu'à Montréal, la rivière n'est praticable que pour des navires de trois cents tonneaux, et encore sont-ils trop souvent contrariés, qui les retiennent quinze jours ou trois semaines dans ce court trajet. Cependant la vapeur a singulièrement modifié le genre de navigation; c'est pour cela que les bâtiments mis en mouvement par cette force, priment actuellement tous les autres.

De Montréal au lac Ontario, les voyageurs trouvent jusqu'à six cataractes, qui les réduisent à la dure nécessité de décharger leurs canots, et de les porter avec les marchandises par des routes de terre assez considérables.

Loin d'encourager les bonnes dispositions qui se faisaient jours, tout le monde ne fit que de l'opposition sans le vouloir. Pour avoir l'avantage sur les Anglais dans le commerce des pelleteries, on éleva trente-trois forts à une grande distance les uns des autres. Le soin de les construire, de les approvisionner, détourna les Canadiens des seuls travaux qui devaient les occuper. Cette méprise les jeta dans une route semée d'écueils et de périls.

Les sauvages ne voyaient pas sans inquiétude, se former des établissements qui pouvaient menacer leur liberté. Ces soupçons leur mirent les armes à la main, et la colonie fut rarement sans guerre. La nécessité rendit soldats tous les Canadiens. Une éducation mâle et toute militaire les endurcissait de bonne heure à la fatigue, et les familiarisait avec le danger. A peine sortis de l'enfance, on les voyait parcourir un continent immense, l'été en canot, l'hiver à pied au travers des glaces et des neiges. Comme ils n'avaient qu'un fusil pour moyen de subsistance, ils étaient continuellement exposés à mourir de faim. Mais rien ne les effrayait, pas même le danger de tomber entre les mains des sauvages, qui avaient épuisé tout leur génie à imaginer pour leurs ennemis des supplices, dont le plus doux était la mort.

Tel était l'état de la colonie lorsque le gouvernement en fut confié, en 1747, à la Galissonière, qui joignait à des connaissances étendues un courage actif, et d'autant plus inébranlable qu'il était raisonné. Les Anglais voulaient étendre les limites de la nouvelle Ecosse, ou de l'Acadie, jusqu'à la rive méridionale du fleuve Saint-Laurent. Il jugea que ces prétentions étaient injustes, et il résolut de les resserrer dans la péninsule, où il croyait que les traités mêmes les avaient bornées. L'ambition qui les poussait dans l'intérieur des terres, particulièrement du côté de l'Ohio où de la Belle-Rivière, ne lui paraissait pas moins outrée. A son avis, les Aperlaches devaient limiter leurs possessions ; et il se promit de ne pas leur laisser franchir ces montagnes. Le successeur qu'on lui donna pendant qu'il rassemblait les moyens de soutenir ce vaste dessein, embrassa toutes ses vues chaleureusement. Alors commencèrent, entre les Anglais et les Français de l'Amérique septentrionale, des hostilités, plutôt autorisées qu'avouées par leurs métropoles. Cette guerre sourde convenait beaucoup au ministère de Versailles, qui commençait à réparer les pertes qu'il avait faites dans les traités où il avait reçu la loi. Des échecs réitérés ouvrirent enfin les yeux à la Grande-Bretagne sur la politique de sa rivale. Georges II, pensa qu'une situation équivoque ne convenait pas à la supériorité de ses forces maritimes. Son pavillon reçut l'ordre d'insulter le pavillon français sur toutes les mers. Il avait pris ou dispersé tous les vaisseaux qu'il avait rencontrés, lorsqu'en 1758, il cingla vers l'île-Royale.

CHAPITRE VII.

Les Anglais attaquent le Canada, ils y éprouvent de grandes pertes. —
Prise de Québec par les Anglais. — La conquête de la capitale entraîne
la soumission de la colonie entière,

La conquête de cette possession importante ouvrait le
chemin du Canada. Dès l'année suivante la guerre y éclata,
ou plutôt on y multiplia les scènes de carnage, dont cet immense pays était depuis longtemps le théâtre.

Les Français établis dans ces contrées y avaient poussé leur
ambition vers le nord, où les belles pelleteries étaient plus en
abondance. Lorsque cette veine de richesse tarit ou diminua,
le commerce se tourna du côté du sud, où l'on découvrit
l'Ohio, qui mérita le nom de Belle-Rivière. Elle ouvrait la
communication naturelle du Canada avec la Louisiane. En
effet, quoique les vaisseaux qui entrent dans le fleuve Saint-
Laurent, s'arrêtent à Québec, la navigation continua par des
embarcations moindres jusqu'au lac Ontario, qui n'est séparé

du lac Erié que par un détroit sur lequel la France éleva de
bonne heure le fort Niagara. C'est là, c'est au voisinage du lac
Erié que se trouve la source de l'Ohio, qui arrose le plus
beau pays du monde, et qui, grossi par plusieurs rivières,
va porter le tribut de ses eaux au Mississipi dont il augmente
la majesté.

Cependant les Français ne faisaient aucun usage d'un canal
si magnifique. Les faibles liaisons qui subsistaient entre les
deux colonies étaient toujours entretenues par les régions du
nord. La nouvelle route, beaucoup plus courte, beaucoup
plus facile que l'ancienne, ne commença à être fréquentée
par un corps de troupe qu'on envoya en 1739, du Canada,
au secours de la Louisiane qui était en guerre avec les sauvages. Après cette expédition, la route du sud retomba dans
l'oubli, dont elle ne sortit guère qu'en 1753. Ce fut l'époque
où l'on éleva plusieurs petits forts sur l'Ohio, dont on étu-
diait le cours depuis quatre ans. Le plus-considérable de ces
forts reçut le nom du gouverneur Duquesne, qui l'avait fait
bâtir.

Les colonies anglaises ne purent voir sans chagrin s'élever
derrière eux des établissements français, qui joints aux anciens semblaient les envelopper. La métropole fit passer des
forces considérables au Nouveau-Monde sous les ordres de
Braddock. Ce général allait attaquer ; pendant l'été de 1755,
le fort Duquesne avec trente-six canons et six mille hommes,
lorsqu'il fut surpris à quatre lieues de la place par deux cent
cinquante Français et six cent cinquante sauvages, qui exter-
minèrent son armée. Ce revers inexplicable arrêta la marche

des trois corps nombreux qui allait fondre sur le Canada. La terreur les obligea de regagner leurs quartiers, et dans la campagne suivante une plus grande circonspection dirigea leurs mouvements.

Cet embarras enhardit les Français. Malgré l'infériorité prodigieuse de leurs forces, ils osèrent au mois d'août de l'an 1756, se présenter devant Oswego. C'était dans le principe un magasin fortifié à l'embouchure de la rivière de Choueguen, sur le lac Ontario. Situé presque au centre du Canada, l'avantage de sa position y avait fait élever successivement plusieurs ouvrages, qui l'avaient rendu un des meilleurs postes de ces contrées. Il était défendu par dix-huit cents hommes qui avaient cent vingt-une pièces d'artillerie, et une grande abondance de munitions de toute espèce. Malgré tout ceci, il se rendit après quelques jours d'un attaque audacieuse et vive, à trois mille hommes qui en formaient le siége.

Cinq mille cinq cents français et dix-huit cents sauvages, marchèrent dans le mois d'août de l'année suivante contre le fort George, situé sur le lac Saint-Sacrement, et regardé avec raison comme le boulevard des établissements anglais, comme l'entrepôt où devaient se réunir les forces destinées contre le Canada. Les assaillants, après avoir massacré ou mis en fuite un grand nombre de leurs ennemis, arrivèrent devant la place où ils réduisirent deux mille deux cent soixante-quatre hommes à capituler.

Ce nouveau malheur réveilla les anglais. Au retour de

la belle saison, après s'être accoutumée à combattre dans les bois à la manière des sauvages, l'armée composée de six mille trois cents hommes de troupes régulières, et de treize mille hommes de milices, s'assembla sur les ruines du fort George. Elle s'embarqua sur le lac du même nom, qui séparait les colonies des deux nations, et se porta sur Carillon, qui n'en était éloigné que d'une lieue. Ce fort qui venait d'être bâti au commencement de la guerre pour couvrir le Canada, n'avait pas l'étendue convenable pour arrêter les forces qui allaient l'assaillir. On forma donc à la hâte, sous le canon de la place, des retranchements de troncs d'arbres couchés les uns sur les autres, et l'on mit en avant de grands arbres renversés, dont les branches coupées et affiliés, faisaient l'effet de chevaux de frise.

Cet appareil formidable n'étonna pas les anglais, résolus à laver la honte qui ternissait depuis si longtemps la gloire de leurs armes, dans un pays où la prospérité de leur commerce tenait au succès de leur bravoure. Le 8 juillet 1758, ils se précipitèrent sur ces palissades avec la fureur la plus aveugle. Inutilement on les foudroyait du haut du parapet sans qu'ils pussent se défendre ; inutilement ils tombaient enfilés, embarrassés dans les tronçons d'arbres au travers desquels leur fougue les avait emportés : tant de pertes ne faisaient qu'accroître cette rage effrénée. Elle se soutint plus de quatre heures, et leur coûta plus de quatre mille de leurs braves guerriers, avant qu'ils abandonnassent une entreprise aussi téméraire.

Les actions de détail ne leur furent pas moins funestes.

Ils n'insultaient pas un poste où ils ne fussent repoussés. Ils ne hasardaient pas un détachement qui ne fut battu, pas un convoi qui ne fut enlevé. La rigueur même des hivers, qui devait les garder et les défendre, était la saison où les sauvages et les Canadiens allaient porter le fer et le feu sur les frontières, et jusque dans le centre des colonies anglaises.

Telle était la situation des choses, lorsqu'une flotte anglaise, où l'on comptait trois cents voiles, et qui était commandée par l'amiral Saudevers, se montra sur le fleuve Saint-Laurent à la fin de juin 1759. Par une nuit obscure et un vent très favorable, huit brûlots furents lancés pour la réduire en cendres. Tout eût péri infailliblement, hommes et vaisseaux, si l'opération eût été conduite avec l'intelligence, le sang froid et le courage qu'elle exigeait. Mais ceux qui s'en étaient chargés n'avaient peut-être aucune de ces qualités, ou du moins ne les réunissaient pas toutes. Impatients d'assurer leur retour à terre, ils mirent beaucoup trop tôt le feu aux bâtiments dont ils avaient la direction. Aussi l'assaillant, averti à temps du danger qui le menaçait, vint-il à bout de s'en garantir par son activité et par son audace. Il ne lui en coûta que deux faibles navires.

Tandis que les forces navales échappaient si heureusement à leur destruction, l'armée qui était de dix mille hommes, attaquait la pointe de Levy, en chassait les troupes françaises qui y étaient retranchées, y établissait ses batteries, et bombardait avec le plus grand succès la ville de Québec, qui, quoique située sur la rive opposée du fleuve, n'était pas fort éloignée.

Mais ces avantages ne conduisaient pas au but qu'on s'était proposé. Il s'agissait de se rendre maître de la capitale de la colonie ; et la côte qui y conduisait était si bien défendue par des redoutes, par des batteries et par des troupes, qu'elle paraissait inaccessible. Les assaillants furent de plus en plus confirmés dans cette opinion après qu'ils eurent tâté le saut de Montmorency, où ils perdirent quinze cents hommes, et où ils auraient pu perdre tout ce qui y avait été imprudemment débarqué.

Cependant la saison avançait. Le général Amherst, qui devait faire une diversion du côté des lacs ne paraissait point. On avait perdu tout espoir de forcer l'ennemi dans ses postes. Le découragement commençait à se manifester, lorsque Murray proposa de monter avec l'armée et une partie de la flotte deux mille au-dessus de la place, et de s'emparer des hauteurs d'Abraham que les français avaient négligé de garder, parce qu'ils les croyaient suffisamment défendues par les rochers très escarpés qui les entouraient. Cette idée heureuse est accueillie avec transport. Le 13 décembre cinq mille anglais débarquent avant le jour, et sans être aperçus, au pied des hauteurs. Ils y grimpent sans perdre un moment, et s'y trouvent rangés en bataille, lorsque à neuf heures ils sont attaqués par deux mille soldats, cinq mille canadiens et cinq cents sauvages. Le combat s'engage et se décide en faveur de l'anglais, qui dès le commencement de l'action avait perdu l'intrépide Wolff son général, sans perdre la confiance et la résolution.

C'était remporter un avantage considérable ; mais il ne

pouvait être encore décisif. Douze heures suffisaient pour rassembler les troupes distribuées à quelques lieues du champ de bataille, pour les joindres à l'armée battue, et marcher contre le vainqueur avec des forces supérieures à celles qu'il avait défaites. Tel était l'avis du général Montcalm, qui, blessé mortellement dans la retraite, avait eu le temps avant d'expirer, de songer au salut des siens en les encourageant à réparer leur désastre. Un sentiment si généreux ne fut pas suivi du conseil de guerre. On s'éloigna de dix lieues. Le chevalier de Levy accouru de son poste pour remplacer Montcalm, blâma cette démarche de faiblesse. On en rougit, on voulut revenir sur ses pas et ramener la victoire ; mais il n'était plus temps. Québec quoique aux trois quarts détruits, avait capitulé dès le 17 avec trop de précipitation.

L'Europe entière crut que la prise de cette place finissait la grande querelle de l'Amérique septentrionale. Personne ne put croire qu'une poignée de Français qui manquaient de tout, à qui la fortune même semblait interdire l'espérance, osassent songer à retarder une catastrophe inévitable. On les connaissait mal. On perfectionna à la hâte des retranchements qui avaient été commencés à dix lieues au-dessus de Québec. On y laissa des troupes suffisantes pour arrêter les progrès de la conquête, et l'on alla s'occuper à Montréal des moyens d'en effacer la honte et la disgrâce.

C'est là qu'il fut arrêté qu'on marcherait dès le printemps en force sur Québec pour le reprendre en un coup de main, ou par un siége au défaut d'une surprise. On n'avait rien encore de ce qu'il fallait pour attaquer une place en règle ;

Français au Canada.   7 mais tout était combiné de façon à n'entamer cette entreprise qu'au moment ou les secours qu'on attendait de France seraient arrivés.

Malgré la disette affreuse de toute chose où se trouvait depuis longtemps la colonie, les préparatifs étaient déjà faits quand la glace qui couvrait tout le fleuve, venant à se rompre vers le milieu de sa largeur, y ouvrit un petit canal. On fit glisser les bateaux à force de bras pour les mettre à l'eau. L'armée composée de citoyens et de soldats qui ne faisaient qu'un corps et une âme, se précipita, dès le 20 avril 1760 dans ce courant du fleuve avec une ardeur incroyable. Les Anglais les croyaient encore paisible dans ses quartiers d'hiver ; et déjà, toute débarquée, elle touchait à une garde avancée de quinze cents hommes qu'ils avaient placé à trois lieues de Québec. Ce gros détachement allait être taillé en pièces, sans un événement qu'il n'est pas donné à la prudence humaine de prévoir.

Un canonnier, en voulant sortir de sa chaloupe, était tombé dans l'eau. Un glaçon se rencontra sans ses mains ; il y grimpa, et se laissa aller au gré du flot. Le glaçon en descendant rasa la rive de Québec. La sentinelle anglaise placée à ce poste voit un homme près de périr, et crie au secours. On vole auprès du malheureux que le courant emporte, et on le trouve sans mouvement. Son uniforme qui le fait reconnaître pour un soldat français, détermine les sauveteurs à le porter au gouvernement, où la force des liqueurs spiritueuses le rappelle un moment à la vie. Il recouvre assez de voix pour dire qu'une armée de dix mille Français est aux portes de la place, et il meurt. Aussitôt on expédie un ordre à la garde avancée de rentrer dans la ville en toute diligence. Malgré la célérité de sa retraite, on eut le temps d'entamer son arrière-garde. Quelques instants plus tard la défaite de ce corps eût entraîné sans doute la perte de la place. L'assaillant y marche cependant avec une intrépidité qui semblait tout attendre de la valeur, et rien d'une surprise. Il n'en était plus qu'à une lieue lorsqu'il rencontra un corps de quatre mille hommes sorti pour l'arrêter. L'attaque fut vive, la résistance opiniâtre. Les Anglais furent repoussés dans leurs murailles, après avoir laissé dix-huit cents de leurs plus braves soldats sur la place, et leur artillerie entre les mains du vainqueur.

La tranchée fut aussitôt ouverte devant Québec. Mais comme on n'avait que des pièces de campagne, qu'il ne vint point de secours de France, et qu'une forte escadre anglaise remonta le fleuve, il fallut lever le siége dès le 16 mai, et se replier de poste en poste jusqu'à Montréal. Trois armées formidables, dont l'une avait descendu le fleuve, l'autre l'avait remonté, et la troisième était arrivée par le lac Champlain, entourèrent ces troupes, qui, peu nombreuses dans l'origine, excessivement diminuées par des combats fréquents et des fatigues continuelles, manquaient tout à la fois de munitions de bouche et de guerre, et se trouvaient enfermées dans un lieu ouvert. Ces misérables restes d'un corps de sept mille hommes qui n'avait jamais été recruté, et qui aidé de quelques miliciens, de quelques sauvages, avait fait de si grandes choses, furent enfin réduits à capituler, et ce fut pour la colonie entière. Les traités de paix cimentèrent la conquête. Elle augmenta la masse des possessions anglaises dans l'Amérique du Nord.

La France perdit ainsi, en peu de temps, une colonie qui eût fait plus tard l'honneur et la gloire de sa métropole.

F. Teissier.

LE CANADA. — ARRIVÉE DANS LE PAYS.

Entre New-Yorck et le bas-Canada, le pays est plat et très
dégarni d'arbres. En 1788, un incendie affreux détruisit les
forêts à la distance de plusieurs milles ; aussi le manque de
bois de chauffage faisait beaucoup souffrir les habitants de ce
canton lorsque l'auteur y passa. Après avoir traversé le lac
Champlain, une grande variété d'objets avertit le voyageur
qu'il est dans une autre pays. Le pavillon anglais, les soldats
de garde, les habitants français qui vont et viennent, les
enfants qui accourent sur le seuil des portes pour saluer les
passants, politesse inconnue dans tous les États-Unis ; la solidité et la propreté des maisons, les crucifix, les chapelles,
les couvents, les grandes églises, les prêtres vêtus de leurs

robes noires, les religieux, les religieuses, tout paraît nouveau, même le langage, car on parle généralement français.

Dans le bas-Canada tout le monde voyage en calèche ; il
est peu de fermier qui n'en ait une : c'est une espèce de
chaise de poste contenant deux personnes ; elle est traînée
par un seul cheval, et conduite par un cocher, dont le siége
est une sorte de coffre placé sur le brancard. La caisse de la
voiture est suspendue par de larges courroies de cuir, dont
les extrémités sont attachées à des rouleaux de fer, fixés derrière, et qui servent à alonger ou raccourcir ces mêmes courroies. De chaque côté est une petite portière d'environ deux
pieds de haut.

Les crucifix que l'on trouve fréquemment sur la grande
route, sont en bois ; quelques-uns de la hauteur de vingt
pieds sont peints et fort ornés

MONTRÉAL.

La ville de Montréal est située sur une île de même nom,
près de la rive du fleuve Saint-Laurent, opposée à celle où
se trouve la ville nommée *la Prairie*. Il y a neuf milles de
distance entre elles ; et le fleuve a près de deux milles un
quart de large entre l'une et l'autre.

On compte douze cents maisons dans la ville de Montréal ; il s'en trouve quelques-unes de commodes, mais pas une qu'on puisse citer comme un édifice de bon goût. Dans la partie basse de la ville voisine du fleuve et la plus commerçante, toutes les maisons ressemblent à des prisons, parce que les portes et les fenêtres sont garnies en dehors de volets de fer, que l'on ferme soigneusement dès que la nuit approche, afin de se garantir du feu. Cette ville, à moitié bâtie en bois, a éprouvé plusieurs incendies considérables ; et ses habitants ont une telle peur du feu, que tous ceux un peu aisés, couvrent leurs maisons de lattes de fer-blanc. Une loi les oblige d'avoir constamment sur leurs toits une ou plusieurs échelles proportionnées à la hauteur du bâtiment.

Les deux tiers des habitants de Montréal sont français d'origine. Les principaux négociants et les agents du gouvernement, sont Anglais, Écossais et Irlandais ; mais tous passent pour anglais aux yeux des anciens habitants. Ceux-ci ont conservé les mœurs et presque tous les usages de leurs ancêtres, particulièrement leur langage.

Les habitants de Montréal sont, en général, très hospitaliers, et d'une complaisance extrême pour les étrangers ; ils vivent entre eux dans la plus grande union, et cherchent toutes les occasions de se réunir pour goûter ensemble les plaisirs de la table. L'hiver surtout, leurs communications sont si fréquentes et accompagnées de tant de marques d'amitié, qu'on dirait la ville habitée par une même famille. L'été il se fait moins de visites ; mais les habitants aisés de l'un et de l'autre sexe, forment entre eux un club dont les membres se réunissent une fois par semaine pour aller dîner aux environs de la ville.

L'île de Montréal a vingt-huit milles de long sur dix de large. Son territoire est extrêmement fertile et agréablement varié par des collines et des vallons qui semblent autant d'échelons pour arriver à deux montagnes considérables qui occupent le centre. La plus élevée de ces montagnes est à un mille de la ville, à laquelle elle donne son nom. Tout le terrain qui forme sa base est parsemé de jolies maisons de campagne, et jusqu'au tiers de sa hauteur on aperçoit, en plusieurs endroits, des traces de culture. Le reste est entièrement couvert d'arbres majestueux par leur grandeur et leur antiquité. Sur le côté qui regarde la rivière, est un ancien monastère avec un enclos considérable environné de murailles, et dont le sol, jusqu'à une assez grande distance, est parfaitement découvert. Il est impossible de se faire une juste idée de la beauté de la perspective qu'on découvre de ce lieu. Qu'on se figure un pays d'une étendue immense au travers duquel coule, en serpentant, le superbe fleuve Saint-Laurent, dont l'œil peut suivre le cours jusqu'aux extrémités de l'horizon. A droite on aperçoit ces terribles courants et ces lits de rochers aigus sur lesquels le fleuve se précipite avec un bruit si épouvantable qu'il est entendu du sommet même de la montagne. A gauche et presque sous ses pieds, on a la ville de Montréal avec ses églises, ses monastères, ses clochers étincelants, et les nombreux vaisseaux mouillés à l'abri de ses antiques murailles. Plusieurs petites îles situées près de la ville, ajoutent encore à la beauté du spectacle.

C'est là que le club dont on vient de parler, se réunit dans les beaux jours de l'été. Le jour indiqué pour chaque réunion, deux commissaires sont chargés de choisir un lieu nouveau pour la société, et d'en préférer un situé près d'une fontaine et sous un frais ombrage. Chaque famille porte des viandes froides, du vin, etc. On mêle le tout ensemble, et la société dont le nombre se monte quelquefois à cent personnes, dîne gaiement sur l'herbe.

Il se fait à Montréal un très grand commerce de pelleteries.

BELLES PERSPECTIVES SUR LES BORDS DU FLEUVE SAINT-LAURENT.

L'auteur s'embarqua à Montréal sur le fleuve Saint-Laurent, pour se rendre à Québec, situé sur ce même fleuve à cent soixante milles au-dessus. En général, rien de plus varié, de plus agréable et souvent de plus majestueux, que les points de vue que présente ce superbe fleuve, dans un cours de plusieurs centaines de milles, au travers d'un pays où toutes les richesses de la nature sont répandues avec profusion, et où l'œil, après avoir parcouru des montagnes élevées et des forêts d'une étendue immense, se repose agréablement sur des plaines cultivées, et des vergers délicieux, pour retrouver de nouveau des bois, des montagnes et des plaines. Mais ce qui attire plus particulièrement l'attention, c'est l'heureuse position des villes et des villages, répandus sur les deux rives du fleuve. Presque tous les établissements du bas-Canada sont situés tout à fait sur le bord des rivières, c'est ce qui donne au fleuve Saint-Laurent et aux rivières du Canada, un aspect riant et un air de vie que n'ont pas les rivières des États-Unis de l'Amérique.

Dans un espace de plusieurs lieues au-dessous de Montréal, les habitations sont si pressées, qu'elles ont l'air de ne former qu'un même village. Toutes les maisons ont une apparence de propreté qui flatte la vue.

Notre voyageur débarquait le soir et passait la nuit dans une ferme où il était accueilli par les maîtres de la maison avec une politesse qui distingue particulièrement les Français. Aussitôt qu'il arrivait, on couvrait la table d'une nape blanche. On servait dessus du pain, du lait, des œufs et du beurre. Voilà ce que l'on offre en abondance dans une ferme ; mais il est rare d'y trouver de la viande d'aucune espèce. Dans le bas-Canada, toutes les maisons sont fournies de bons lits à la française, élevés de quatre ou cinq pieds et garnis d'une paillasse, d'un matelas et d'un lit de plume.

Les Canadiens de la classe du peuple ont toute la gaiété et la vivacité des Français ; ils dansent, ils chantent, et paraissent s'embarrasser fort peu du lendemain. Ceux d'une classe plus élevée, ont quelque chose de cette humeur brusque et chagrine, caractère dominant des Américains ; mais la vanité est le trait le plus remarquable et le plus général du caractère de tous les Canadiens. En les prenant par leur faible, on fait d'eux tout ce qu'on veut. Très peu d'hommes parmi eux, savent lire et écrire ; les femmes seules, ont un peu d'instruction ; aussi le Canadien ne conclut jamais une affaire, il ne fait aucune démarche importante sans consulter sa femme, et presque toujours il suit l'avis qu'elle lui donne,

QUÉBEC.

La ville de Québec située sur la rive nord-ouest du fleuve Saint-Laurent, est bâtie sur un promontoire très élevé, presque en face d'une autre pointe de terre située sur la rive opposée, ce qui forme un détroit de trois quarts de mille de largeur, dans lequel se trouve considérablement resserré ; mais à peine est-il sorti de cette espèce d'entrave, qu'il s'étend de nouveau jusqu'à la largeur de cinq ou six milles, et forme immédiatement au-dessous de la ville, un bassin assez vaste et assez profond pour contenir cent vaisseaux de ligne.

Québec est divisée en deux parties, que l'on appelle la Ville-Haute et la Ville-Basse ; la première est bâtie sur la partie la plus élevée de la pointe, et assise sur un roc de pierre à chaux. La partie basse entoure la base du rocher et suit le bord du fleuve. Ce rocher s'élève, en quelques endroits, perpendiculairement au-dessus du fleuve, et est absolument inaccessible ; dans d'autres endroits, il n'est pas tellement escarpé qu'on n'ait pu y ménager une communication avec la Ville-Basse, par des rues qui suivent le contour du rocher, et qui sont bordées chacune d'un escalier pour la commodité des piétons.

On compte deux mille maisons à Québec, en comprenant la Ville-Haute, la Ville-Basse et ses faubourgs. Les deux tiers des habitants sont français d'origine, la société y est fort nombreuse et fort agréable, parce que cette ville, capitale du Canada, est la résidence du gouverneur, d'un grand nombre d'officiers civils, de gens de loi, et d'une garnison considérable qui lui donne un air de vie et d'enjouement.

La Ville-Basse est principalement habitée par les négociants et armateurs ; il n'existe pas de séjour plus désagréable, l'air y est malsain et concentré dans des rues sales et étroites, sa circulation est encore interceptée par la trop grande élévation des maisons. Les rues les plus basses sont infectées d'une odeur insupportable provenant des vases et des immondices que la marée en se retirant laisse sur le rivage. Dans la Ville-Haute, au contraire, on respire toujours un air pur.

Le marché de Québec est approvisionné de denrées de toute espèce, que l'on trouve en plus grande abondance et à meilleur marché que dans les villes des Etats-Unis. C'est une chose fort curieuse pour un étranger, que le grand nombre de chiens attelés à de petits charriots sur lesquels on transporte les provisions au marché ; ces chiens rendent vraiment de grands services, ils ressemblent un peu à ceux de Terre-Neuve, si ce n'est qu'ils ont les pattes plus courtes et plus fortes : ils sont doués d'une force prodigieuse, et remarquables par leur instinct et leur docilité. Souvent un seul chien traîne à une distance considérable, un homme grand et fort. L'hiver on voit des carioles ou des traîneaux, tirés sur la neige, par une demi-douzaine de chiens, non-seulement pour des courses de quelques heures, mais aussi pour des voyages de plusieurs jours.

Parmi les différentes merveilles que l'on admire dans les environs de Québec, les plus remarquables sont les cataractes appelées l'une de Montmorenci et l'autre de la Chaudière. dont elles portent le nom, se jettent dans le fleuve Saint-Laurent ; la première, à quelques milles au-dessous de Québec, la seconde, quelques milles au-dessus.

La rivière Montmorenci, dont le cours est très irrégulier, traverse un pays sauvage et très boisé, sur un lit de rochers aigus, jusqu'au moment où elle arrive sur le bord du précipice. Alors elle tombe d'une hauteur de deux cent quarante pieds, perpendiculairement et sans rencontrer aucun objet dans sa chute. Le volume de cette rivière est peu considérable, excepté dans la saison des débordements, mais ce volume d'eau se trouve tellement augmenté par l'écume que produit le froissement continuel et violent qu'il éprouve en traversant le lit de rochers qui bordent le sommet du précipice, qu'il présente à l'œil l'apparence d'une assez belle nappe d'eau ressemblant parfaitement à de la neige que l'on jette en masse du haut d'une maison, et ayant comme elle, du moins en apparence, une chute très lente ; la vapeur qui s'élève du fond du précipice est considérable ; et lorsqu'on l'observe vers le milieu du jour, elle offre à l'œil les couleurs du prisme dans tout leur éclat. La largeur de la rivière, au sommet de la cataracte, n'est que de cinquante pieds : au-dessous, les eaux sont retenues dans une espèce de bassin, par un rocher d'une seule pièce, qui occupe la presque totalité de la largeur de la cataracte, et à l'extrémité duquel, elles s'échappent et coulent doucement dans le fleuve Saint-Laurent, qui n'en est éloigné que de trois cents pas. Les bords de la rivière de Montmorenci, au-dessous de sa chute sont très escarpés, à pic en quelques endroits, et partout inaccessibles, de sorte que si l'on veut voir la cataracte de près, on est obligé de suivre le bord du fleuve Saint-Laurent, jusqu'à ce que l'on arrive à l'embouchure de la rivière Montmorenci. Lorsqu'en montant ou en descendant ce même fleuve, on arrive vis-à-vis de la cataracte, le spectacle dont on jouit est vraiment imposant et sublime.

La hauteur de la chute de la Chaudière n'est pas de moitié aussi grande que celle de Montmorenci, mais elle a deux cent cinquante pieds de large. Les environs en sont beaucoup plus agréables ; car à Montmorenci, à l'exception de quelques arbres disséminés çà et là, on ne voit que la cataracte, au lieu que les bords de la rivière de la Chaudière sont parfaitement boisés ; et au travers des masses de rochers que l'on rencontre de distance en distance, on aperçoit les sites les plus agrestes et les plus romantiques. Quant à la cataracte elle-même, sa grandeur varie, suivant la saison. Lorsque le lit de la rivière est plein, le volume d'eau qui se précipite sur les rochers étonne le spectateur ; lorsque le temps est sec, et la plus grande partie de l'été, ce volume est peu considérable, aussi les voyageurs préfèrent-ils la chute de Montmorenci.

On exporte du Canada des fourrures et des pelleteries en immense quantité, du blé, de la farine, de la graine de lin, de la potasse, des planches, du merrain, du poisson sec, de l'huile, du ginseng et des drogues.

CLIMAT ET AMUSEMENTS DES CANADIENS PENDANT L'HIVER.

Les chaleurs de l'été sont aussi excessives au Canada, que les hivers y sont rigoureux, mais on n'y éprouve pas, comme aux Etats-Unis, des changements soudains du froid au chaud, et les saisons y sont régulières. Les Canadiens préfèrent l'hiver à toutes les autres, c'est pour eux le temps du repos et des plaisirs. Dès que les neiges sont tombées, et qu'un froid piquant a succédé aux brouillards épais et humides, toutes les affaires, tous les travaux sont mis de côté, on ne songe plus qu'à s'amuser. Les festins, les visites, les assemblées, les concerts, les bals et le jeu emploient tous les moments et fixent exclusivement l'attention du riche et du pauvre, des jeunes et des vieux.

Au moyen de leurs traîneaux, les Canadiens se transportent d'un lieu à un autre, sur la neige, avec une vitesse incroyable, et de la manière la plus agréable. Ces voitures sont si légères, et le tirage si doux, que souvent le même cheval fait quatre-vingt milles en un seul jour. Ces traîneaux, qu'ils appellent carioles, portent communément deux personnes et le cocher. Ils sont attelés d'un seul cheval, et lorsqu'on en met deux, ils sont toujours l'un en avant de l'autre, parce que les routes sur la neige sont tracées de manière à ne pas admettre deux chevaux de front : la forme des carioles varie suivant le goût de leurs propriétaires, et c'est parmi les Canadiens un point très important d'en avoir une plus élégante que celle de son voisin. Les unes sont découvertes, les autres fermées avec des fourrures qui les rendent impénétrables à l'air ; mais celles-ci ne servent que la nuit, parce que le principal but des courses est de se faire voir ; les dames particulièrement mettent ces jours-là leurs plus belles fourrures. Ces voitures glissent sur la neige avec une telle vitesse, et font si peu de bruit, que pour prévenir les accidents, on est obligé d'attacher une clochette au cou du cheval, ou de sonner du cor, ce qui, joint à la rapidité du mouvement, rend ces parties très gaies et très agréables. Les Canadiens profitent de cette saison pour visiter leurs amis éloignés, parce que cette manière de voyager est tout à la fois expéditive et économique.

Quoique le froid soit extrêmement sévère au Canada, les

habitants ne le redoutent pas parce qu'ils savent s'en garantir.

Les appartements du rez-de-chaussée sont échauffés par des poëles dont les tuyaux se distribuent dans les appartements supérieurs, les portes extérieures et les fenêtres sont doublées et garnies de fourrures en-dedans et en-dehors, et lorsque l'on sort, on est enveloppé de fourrure depuis la tête jusqu'aux pieds.

Une chose surprenante pour les étrangers, c'est le peu d'impression que fait sur les chevaux le froid le plus dur. Il arrive souvent qu'après être restés plusieurs heures en plein air, dans une saison où les liqueurs spiritueuses gèlent dans les vaisseaux, ils se mettent en marche avec autant de souplesse et de vivacité que dans l'été. En général, les Canadiens français d'origine, ne se font aucun scrupule de laisser leurs chevaux sans les couvrir, à la porte de ceux qu'ils vont visiter. Cette négligence est d'autant plus surprenante, que tous les autres animaux domestiques, sans en excepter la volaille, sont réunis pêle-mêle dans une étable, afin de se tenir chaud les uns les autres. Ceux que l'on destine pour la table, pendant la saison rigoureuse, sont tués et enterrés dans des trous profonds, d'où on les tire à mesure qu'on en a besoin.

L'hiver continue jusques vers la fin d'avril ou au commencement de mai ; alors le dégel arrive presque subitement. La neige disparaît en peu de jours ; mais les glaces restent longtemps dans les rivières avant de se dissoudre. Le tableau que présente dans ce moment le fleuve Saint-Laurent, est vraiment effrayant. Le brisement des glaces s'annonce d'abord par un bruit semblable à un coup de canon ; ensuite, à mesure que les eaux s'élèvent et se grossissent par la fonte des neiges, elles se séparent en une infinité de morceaux, qui obéissent aux courants extrêmement rapides, se précipitent avec une impétuosité prodigieuse vers son embouchure, jusqu'à ce qu'ils rencontrent dans leur chemin une île ou un banc de sable. Le premier glaçon arrêté est bientôt suivi de beaucoup d'autres, ils s'amoncèlent les uns sur les autres, et forment des masses de plusieurs toises d'élévation. Quelquefois, le vent détache ces masses des îles ou des rochers sur lesquels elles s'étaient formées et les conduits jusques dans l'Océan, où on les prend souvent pour des îles flottantes. D'autres fois, elles restent dans les rivières et obstruent la navigation, longtemps après que tous les vestiges du froid ont disparu sur les côtes.

La végétation commence aussitôt après le dégel, et rien n'égale la rapidité de ses progrès. Les chaleurs de l'été suivent de près les premières apparences du printemps. En peu de jours, les champs sont ornés de la plus riche verdure, et les arbres couverts des plus épais feuillages. Les potagères se succèdent rapidement, et le grain semé au mois de mai, est toujours recueilli avant la fin de juillet. Cette partie de l'année dans laquelle le printemps et l'été semblent marcher de front, multiplie les jouissances ; la nature est parée de tous ses ornements, et cependant les chaleurs ne sont pas excessives ; il est rare que le thermomètre de Fahrenheit s'élève à plus de quatre-vingt-quatre degrés. Dans le mois de juillet et d'août, les chaleurs deviennent quelquefois plus fortes et souvent insupportables ; mais elles laissent entre elles de longs intervalles, et ne durent jamais plus de deux ou trois jours.

L'automne est également très agréable au Canada ; mais on remarque une différence de trois semaines entre Québec et Montréal, pour la succession des diverses saisons. Lorsque les petits pois et les fraises sont en pleine maturité à Québec, on n'en mange plus à Montréal.

VOITURES DU CANADA, ET LA VILLE DES TROIS-RIVIÈRES.

L'auteur partit de Québec avec l'intention d'aller visiter les cataractes du Niagara, et il prit par terre le chemin de Montréal.

Nulle part dans toute l'Amérique septentrionale, on ne trouve de route aussi commode et aussi bien servie que celle qui conduit de Québec à Montréal : des postes sont établies à des distances réglées ; à chaque station, des calèches ou des carioles, suivant la saison, paraissent attendre le voyageur. Chaque maître de poste est tenu d'avoir chez lui quatre calèches et autant de carioles ; il y a en outre à chaque relai, ce qu'on appelle dans le pays un aide-de-poste, qui est tenu d'avoir un nombre égal de ces voitures, et de les fournir au maître de poste lorsque celui-ci les requiert. Au privilége exclusif de fournir des chevaux et des voitures, il n'y a d'attaché que l'obligation de servir les voyageurs dans un quart-d'heure, si c'est pendant le jour, et une demi-heure si c'est la nuit. Les postillons sont obligés de faire deux lieues par heure. Le prix d'une calèche attelée d'un seul cheval, est de vingt-un sous de France. Il n'est rien dû au postil lon.

Les chevaux du Canada sont petits et lourds, mais ils sont infatigables ; ceux que l'on emploie pour la poste, sont mal nourris, mal traités ; dès qu'ils ont achevé leur course, on les renvoie dans les champs, où l'on va de nouveau les chercher lorsqu'un autre voyageur se présente ; et malgré cette négligence, ils vont toujours un très bon train.

Les villageoises françaises sont en général très jolies. Leur costume simple, mais propre, consiste en un corset bleu, ou écarlate, sans manches, et un jupon d'une couleur différente. Elles portent sur la tête un chapeau de paille mis avec grâce. Mais, comme les femmes indiennes, elles perdent de très bonne heure leur beauté, parce que les hommes extrêmement indolents, les chargent des plus durs travaux de la ferme.

Tous les établissements du bas-Canada sont situés sur les rives du fleuve Saint-Laurent. Les plus avancés dans l'intérieur des terres, n'en sont pas éloignés de plus de douze milles. Cela vient de ce que les Canadiens français ainsi que les allemands, aiment à vivre les uns avec les autres. Aussi, tant que la ferme paternelle est susceptible d'être divisée, les enfants devenus grands en prenant une portion qu'ils cultivent pour leur compte ; et ce n'est que lorsqu'elle ne peut suffire à ces partages, soit à cause de sa petitesse, soit à cause du trop grand nombre d'enfants, que le père de famille songe à demander de nouvelles terres à son seigneur.

Le Canadien a cependant l'esprit entreprenant. Lorsque l'occasion se présente de traverser les immenses lacs des régions occidentales, ils la saisissent avec empressement ; ils bravent gaiement les tempêtes horribles que l'on éprouve sur ces prodigieuses masses d'eau, ils travaillent avec courage et constance lorsqu'il faut employer la rame ou le crochet, pour vaincre la rapidité des courants. On ne les entend jamais murmurer contre l'inclémence des saisons et les cruels tourments de la faim. Le Canadien est, de tous les hommes de la terre, le plus enclin à la vanité, c'est elle qui soutient son courage ; il triomphe à son retour, lorsqu'il raconte à ses parents et à ses amis l'histoire de ses voyages ; et les dangers qu'il a courus sont les trophées dont il aime à se parer.

La ville des Trois-Rivières se trouve à peu près à moitié chemin, entre Québec et Montréal ; elle est bâtie sur le bord du fleuve Saint-Laurent, on y compte trois cents maisons et elle est regardée sous le rapport de la population, comme la troisième ville du Canada.

La seule maison religieuse de femmes qui existe dans cette ville, est le couvent des Urselines ; l'habillement des religieuses consiste en une robe noire ; un fichu blanc dont les angles sont arrondis, est attaché sous le menton, et couvre les épaules et la poitrine ; une coiffe de toile blanche qui cache la moitié du front et les oreilles, se joint de chaque côté au fichu ; un voile de gaze noire flotte sur les épaules et s'abaisse sur le visage lorsqu'elles ne veulent pas être vues. Cet habillement sied très mal. La maison est fort pauvre, et l'industrie de ces bonnes filles fait une partie de son revenu. C'est particulièrement pour leurs ouvrages fabriqués avec l'écorce d'arbre, que ces religieuses sont renommées. Elles se servent ordinairement de l'écorce du bouleau. Elles en font des portefeuilles, de petits paniers, des boîtes à toilette, etc., etc., ornés de dessins brodés avec le poil d'élan, qu'elles teignent des couleurs les plus vives ; elles font aussi des modèles, des canots et des instruments de guerre des Indiens.

Les canots des Indiens, construits avec l'écorce de ce même arbre, et dont il se servent sur le fleuve Saint-Laurent, sur la rivière d'Utawa et sur les lacs les plus voisins, sont tous construits par les Indiens eux-mêmes, dans la ville des Trois-Rivières. Dans la partie septentrionale du Canada, le bouleau est très commun et parvient à une grosseur prodigieuse. L'écorce de cet arbre est si flexible, qu'on peut la rouler comme une pièce de drap. Les Indiens qui habitent cette partie du pays, ont toujours dans leurs canots, lorsqu'ils vont à la chasse, un certain nombre de ces rouleaux, dont ils font des huttes temporaires, sur des perches placées transversalement, et supportées par des pieux fixés en terre ; ils étendent l'écorce, l'attachent aux pieux avec des cordes faites d'écorce d'orme, et ils ont, en un instant, une habitation complète avec ses murs et son toit.

LE FLEUVE SAINT-LAURENT. — LES OURS ET LES ÉCUREUILS.

Dans le haut-Canada, ainsi que dans les parties occidentales du bas-Canada, les voyageurs sont obligés de porter leur lit avec eux, et ces lits se composent généralement d'une peau de buffle, et d'une couverture de laine. Les Indiens qui apprêtent ces peaux y laissent le poil, et leur donnent, par des procédés particuliers, le moëlleux d'une étoffe. Le poil du buffle, au commencement de l'hiver, est épais, long, droit et noir comme celui d'un ours; mais dans l'été ce poil est court, frisé et de couleur brunâtre, parce qu'il est brûlé par par les rayons du soleil.

Notre voyageur, après s'être pourvu de vin, d'eau-de-vie, et de tous les objets indispensables à ceux qui remontent le fleuve Saint-Laurent, s'embarqua pour Kingston. Quoiqu'il y ait des routes tracées et des habitations assez rapprochées les unes des autres sur la rive nord-ouest du fleuve Saint-Laurent, depuis Montréal jusqu'à Kingston, située à l'extrémité orientale du lac Ontario, il est presque sans exemple que personne ait entrepris de faire ce voyage par terre, en raison de la difficulté de faire traverser à des chevaux la quantité de rivières rapides et profondes qui se jettent dans le fleuve Saint-Laurent. Les transports par eau sont donc les seuls que l'on emploie dans tout le Canada, excepté depuis Québec jusqu'à Montréal. Cette manière de voyager, au surplus, est d'autant plus agréable, qu'il est très rare que l'on s'écarte des bords des rivières, dans le voisinage desquelles sont toutes les habitations.

Il y a des années où l'on voit au Canada des pigeons sauvages qui descendent des régions septentrionales, en si grand nombre, qu'on aurait peine à le croire si on ne les avait pas vus. Ces oiseaux font une course de quatre-vingt milles : ils se reposent souvent sur les bords des lacs, des rivières, dans le voisinage des fermes ; et alors ils sont tellement fatigués, qu'un homme armée d'un bâton, en tue plusieurs centaines. C'est ordinairement tous les sept ou huit ans que ces oiseaux paraissent dans le pays ; et l'on appelle ces années-là, *les années aux pigeons.*

On a aussi *les années aux ours, les années aux écureuils.* Pendant le séjour de notre voyageur, c'était en même temps l'année des ours et celle des écureuils. Les premiers étaient venus des parties septentrionales, et se trouvaient en très grand nombre dans le voisinage du lac Ontario, du lac Erié, et des parties supérieures du fleuve Saint-Laurent. Lorsqu'ils arrivent sur les bords de ces lacs, où sur ceux du fleuve, s'ils aperçoivent la rive opposée, ils se jettent à l'eau, et font leurs efforts pour gagner le rivage à la nage. Les Indiens en tuent une quantité prodigieuse au moment où ils traversent le fleuve Saint-Laurent. Ils se divisent pour cela en petites bandes campées à peu de distance les unes des autres sur les bords du fleuve. Rarement un ours attaque un homme dans les bois; mais lorsqu'il en rencontre un tout seul dans un bateau, il n'hésite pas à l'attaquer ; et soit que dans l'eau il ait plus de force ou de courage, c'est tout ce qu'un homme peut faire de s'en débarrasser.

Les écureuils, au contraire, étaient venus cette année des parties méridionales et du territoire des Etats-Unis : comme les ours, ils passent les rivières à la nage, mais ils cherchent les passages les plus courts, et dirigent pour cela leurs courses vers la rivière du Niagara, au-dessus des cataractes, où son lit est plus étroit et ses eaux plus tranquilles.

On dit à l'auteur, à Niagara, que plus de cinquante mille écureuils avaient passé la rivière dans deux ou trois jours, et que les ravages qu'ils avaient commis étaient tels, que les fermiers se trouveraient fort heureux de recueillir le tiers de la récolte qu'ils attendaient. Ces écureuils, entièrement noirs, sont une espèce particulière au continent de l'Amérique : ils sont à peu près de la grosseur de l'écureuil gris, et pèsent d'une à deux livres et demie. La migration de ces animaux, en aussi grand nombre, est, dit-on, un signe précurseur et infaillible d'un hiver rigoureux.

Le Mississipi est le seul fleuve de l'Amérique septentrionale, qui puisse être comparé, pour l'étendue et les avantages de la navigation au fleuve Saint-Laurent. Ce dernier a une embouchure large de quatre-vingt-dix milles ; il est navigable, pour les vaisseaux de ligne, jusqu'à Québec, ce qui fait une distance de quatre cents milles. Son lit est plus profond que lorsqu'on en fit la découverte ; les inondations qui ont lieu tous les printemps, les eaux claires et limpides qui viennent du lac Ontario, et se précipitent avec impétuosité vers son embouchure, entraînent les bancs de sable, détachent les rochers, et creusent ainsi son lit. Le Mississipi, au contraire, n'a pas vingt milles de large à son embouchure, et elle est tellement obstruée par des bancs de sable et par des barres, qu'un vaisseau qui tire plus de douze pieds d'eau, ne peut y entrer sans courir les plus grands dangers. Cependant, sous un autre rapport, le Mississipi doit être placé au-dessus du fleuve Sant-Laurent, à cause de l'uniformité de ses courants, et parce qu'il est navigable jusqu'à une distance immense de son embouchure, pour des bateaux d'un port considérable.

LA VILLE DE NIAGARA

Il faut ordinairement sept jours pour remonter le fleuve Saint-Laurent, depuis Montréal jusqu'à Kingston. Cette dernière ville est située à l'entrée d'une baie profonde, placée à la pointe nord-est du lac Ontario ; elle fait un commerce considérable, parce que toutes les marchandises destinées à approvisionner le haut pays, après avoir remonté le fleuve Saint-Laurent, sont déposées dans les magasins, jusqu'à ce qu'elles soient embarquées à bord des vaisseaux propres à la navigation du lac ; les pelleteries apportées des différents postes établis sur les lacs les plus voisins, sont également mises en magasin pour être chargées sur les bateaux qui descendent le fleuve Saint-Laurent.

Pendant l'automne, les habitants de Kingston souffrent beaucoup des fièvres intermittentes, occasionnées par les vapeurs qui s'élèvent des marais voisins de la ville.

Le lendemain de son arrivée à Kingston, l'auteur s'embarqua sur une goëlette pour se rendre à Niagara, et il fut frappé de la beauté du spectacle qui s'offrit à ses yeux.

Le lac Ontario, bordé de chaque côté par d'antiques forêts, est le plus oriental des quatre lacs au travers desquels passe la ligne de démarcation qui sépare les Etats-Unis de la province du Canada. Il y a deux cent vingt milles de l'orient à l'occident, et soixante-dix dans sa plus grande largeur. Ce lac est moins sujet que les autres aux coups de vents et aux tempêtes, et l'on s'étonne de la tranquillité de ses eaux en voyant son immense étendue.

Après trois jours de traversée on aperçut du vaisseau la ville et le fort de Niagara, le vent n'étant plus favorable, les passagers s'embarquèrent dans le canot qui les conduisit à la Pointe-de-Mississaguis, d'où il n'y a plus qu'une promenade agréable, d'un mille environ, presque toujours au travers des bois, jusqu'à la ville de Niagara, capitale du haut-Canada.

Cette pointe tire son nom des Indiens Mississaguis, qui l'ont choisie pour le lieu le plus ordinaire de leur campement. Cette nation établie sur les bords du lac Ontario, est une des plus nombreuses du pays. Les hommes sont en général, très robustes et fort habiles à la chasse et à la pêche. Leur peau est plus noire que celle des autres Indiens, et plusieurs ressemblent à des nègres. Leur extérieur, et particulièrement celui des femmes, est sale et dégoûtant ; l'odeur qu'exhale la quantité de graisse et d'huile de poisson dont celles-ci barbouillent leurs cheveux et leur visage, est tellement insupportable, surtout quand il fait chaud, qu'il est impossible de s'approcher d'elles sans être fortement incommodé. En arrivant à Niagara, notre voyageur trouva un grand nombre de ces Indiens répandus par groupes dans la ville, et fort affligés en apparence de la perte d'un de leurs chefs favoris. Le commandant de la garnison les apaisa en leur faisant distribuer quelques présents, entre autre une grande quantité de rhum et d'autres provisions de bouche. Mais un officier civil connaissant parfaitement le caractère de ces Indiens, dit à l'auteur, que le sang étant à leurs yeux la seule expiation qui pût leur faire oublier le meurtre d'un chef favori, ils ne manqueraient pas de tuer un blanc, peut-être innocent de l'action dont ils se plaignaient, dès qu'ils trouveraient une occasion secrète et favorable, dussent-ils l'attendre vingt ans.

Les Mississaguis entretiennent les habitants de Niagara et des autres villes [situées sur le lac, de poisson et de gibier de toute espèce, dont la valeur s'estime en bouteilles de rhum et en livres de pain. Un indien vendit devant notre voyageur, un excellent quartier de venaison et un saumon pesant quinze livres, pour une bouteille de rhum et un pain, valant l'un et l'autre une demi-piastre ; et l'indien parut fort content de son marché.

La ville de Niagara contient environ soixante-dix maisons, la plupart bâties en bois ; elle est située sur la partie la plus élevée de la rivière de Niagara, de sorte que l'on y jouit d'une superbe vue sur le lac Ontario et sur les côtes éloignées.

LA RIVIÈRE ET LES CATARACTES DE NIAGARA.

A dix-huit milles de la ville de Niagara, en remontant la rivière du même nom, on trouve ces fameuses cataractes, placées à juste titre parmi les plus étonnantes merveilles de la nature. La route qui conduit du lac Ontario au lac Erié, n'en est éloignée que de quelques centaines de pas, et suit les coteaux escarpés, au pied desquels coule la rivière de Niagara, assez près pour que le voyageur ait sous les yeux des tableaux plus curieux et plus pittoresques les uns que les autres. Cette rivière, au lieu de se rétrécir, comme les autres vers sa source, s'élargit si rapidement, que dans l'espace de trois lieues, elle a un mille de large, et toute l'apparence d'un lac ; car elle est environnée de tous côtés par de hautes montagnes, et ses eaux coulent si tranquillement qu'on ne leur croirait aucun courant. Lorsqu'on est sorti de ce bassin long d'environ deux milles, le lit de la rivière se trouve tout-à-coup resserré entre deux chaînes de montagnes, et de là, jusqu'aux cataractes, le courant est rapide et irrégulier. A la sortie du bassin, au pied du coteau, est un petit village auquel on a donné le nom de Queenstown, mais qui est plus connu dans le pays sous celui de *Débarquement*, parce que c'est là que les vaisseaux marchands s'arrêtent pour déposer les marchandises destinées à l'intérieur du pays.

A deux ou trois cents pas de Queenstown, à mi-côte, on aperçoit une longue file de maisons en bois d'une certaine apparence, c'étaient des casernes pour les troupes stationnées dans ce lieu ; elles ne sont plus occupées en raison de l'intempérie du climat. Un groupe de montagnes, couvertes de chênes d'une hauteur immense, se présente à la vue ; la route serpente autour, mais elle est si escarpée et si raboteuse, qu'il faut gagner le sommet à pied. Après avoir traversé ces montagnes, on se trouve sur un terrain uni.

Du sommet de l'une de ces montagnes, au pied de laquelle se trouve le petit village de Queenstown, le voyageur admire une des plus belles perspectives que l'on puisse rencontrer. En regardant au travers des arbres dont la montagne est couverte depuis sa base jusqu'au sommet, il aperçoit à gauche les toits des maisons de Queenstown, et au bas du village les vaisseaux mouillés dans la rivière à deux cents pieds au-dessous de lui ; les mâts ressemblent à de faibles roseaux se glissant furtivement au milieu de l'épais feuillage, dont les arbres sont couverts. S'il porte sa vue un peu plus loin, ils suit le cours de la rivière dans toutes ses sinuosités jusqu'à son embouchure, où il la voit se jeter dans le lac Ontario, entre la ville et le fort : de ce côté, le point de vue est terminé par le lac, excepté dans une partie de l'horizon, où l'on aperçoit les sommets des Montagnes-Bleues de Toronto. La rive droite de la rivière offre, d'un côté, le tableau de la nature la plus sauvage, et de l'autre, ce sont des champs cultivés et de jolies fermes, disséminées depuis le bord de l'eau jusqu'à une grande distance dans les terres ; mais à mesure que l'on s'éloigne de la partie navigable, les traces de culture et de population diminuent, et finissent par disparaître entièrement.

Sur la route qui conduit au lac Erié, et dans le voisinage de la cataracte, est un petit village au-delà duquel on traverse quelque champs, et l'on s'avance ensuite vers un lieu extrêmement profond, environné de grands arbres, et du fond duquel sort une prodigieuse quantité de vapeurs blanches, semblables à la fumée d'un monceau de broussailles en feu. Arrivé sur les bords de ce creux, on descend un côteau très escarpé d'environ cinquante pas, et, après avoir marché quelque temps dans une espèce de marais, couvert de buissons, on arrive au rocher de la Table, ainsi nommé parce qu'il a une surface très unie et à peu près la forme d'une table. Ce rocher est placé presque en face de la grande cataracte, au-dessus de laquelle il est élevé d'environ quarante pieds. Le point de vue est sublime de ce côté. Mais avant d'en donner une idée, il faut décrire au lecteur la rivière et les cataractes.

La rivière de Niagara prend sa source dans la partie orientale du lac Erié, et après un cours de trente milles elles se jette dans le lac Ontario. En partant du lac Erié, jusqu'à quelques milles au-delà, sa largeur est d'environ trois cents pas ; mais son courant est si rapide et si irrégulier, son cours est tellement embarrassé par des rochers énormes répandus en grand nombre sur sa surface, qu'il serait extrêmement dangereux d'y naviguer autrement qu'avec des bateaux. Ensuite le lit s'étend, les rochers disparaissent, les eaux, quoique rapides, coulent sans fracas, uniformément ; et la navigation devient facile et sûre pour des bateaux, jusqu'au fort Chippeway, situé à trois milles au-dessus des cataractes. En cet endroit, son cours est de nouveau obstrué par des rochers, et ses eaux, après s'être précipitées de plusieurs sauts qui se succèdent les uns aux autres, sont tellement irritées, que si un canot osait dépasser le fort Chippeway, où l'on s'arrête ordinairement, aucune force humaine ne pourrait l'empêcher d'être mis en pièces longtemps avant d'arriver aux cataractes.

A mesure que la rivière approche des cataractes, ses eaux redoublent de violence, en passant au travers des rochers qui s'opposent à leur passage ; mais dès qu'elles ont atteint le bord, elles se précipitent en masse, sans rencontrer aucun obstacle dans leur chute. Un moment avant d'arriver au précipice, la rivière fait un détour considérable sur la droite, ce qui donne à cette nappe d'eau une direction oblique, et lui fait faire un angle assez considérable avec le rocher du haut duquel elle tombe. La largeur des cataractes est plus grande que celle de la rivière, et celle-ci, en se précipitant, ne forme pas une nappe unique, elle est partagée par des îles en trois cataractes bien distinctes les unes des autres. La plus étendue est appelée *la grande cataracte*, ou la cataracte du Fer-à-Cheval, parce qu'elle en a un peu la forme. Sa hauteur n'est que de cent quarante-deux pieds, tandis que celle des autres est de cent soixante ; mais c'est précisément ce qui lui donne la prééminence sur les deux autres, tant pour la largeur que pour la rapidité. Le lit de la rivière, au-dessus du précipice, étant plus bas d'un côté que de l'autre, les eaux se pressent vers la partie la moins élevée, et acquièrent dans leur chute une plus grande vélocité que celles qui s'échappent par l'autre côté. Du côté du fer-à-cheval il s'élève un nuage prodigieux de vapeurs, que l'on aperçoit, par un temps serein, à quarante-quatre milles. Il est impossible de mesurer l'étendue de cette partie de la cataracte autrement qu'avec l'œil ; l'opinion générale lui donne une circonférence de six cents pas. L'île qui la sépare de la cataracte la plus voisine, peut avoir trois cents cinquante pas de large ; la seconde cataracte n'en a que cinq. L'île qui sépare celle-ci de la troisième en a trente ; et cette troisième qu'on appelle communément *la cataracte du fort Schloper*, parce qu'elle comprend toute la rive où est situé ce fort, en a au moins autant que la plus grande des deux îles. D après cet aperçu, la largeur totale du précipice, en y comprenant les îles, est de treize cent trente cinq pas. On assure que le volume d'eau qui se précipite du haut des cataractes, est de six cent soixante-douze mille tonneaux par minute.

Retournons maintenant au rocher de la Table, situé sur le bord de la cataracte du Fer-à-Cheval. De là, le spectateur jouit sans aucun obstacle de la vue d'un magnifique tableau. Devant lui sont ces rapides courants, placés au-dessus des cataractes ; sur les côtés se trouvent d'immenses forêts, dont les deux bords de la rivière sont couverts ; un peu au-dessous se présente la cataracte du Fer-à-Cheval ; à quelque distance sur la gauche, celle du fort Schloper, et, perpendiculairement sous les pieds, est placé ce gouffre terrible, dont l'œil épouvanté ose à peine, en plongeant par-dessus les bords du rocher, mesurer la profondeur. Il est impossible d'exprimer à quel point l'âme est saisie à la vue de tant d'objets divers et extraordinaires ; ce n'est qu'après quelques minutes de recueillement, qu'on peut distinguer les parties qui composent ce tableau merveilleux, et les examiner séparément.

Le cœur de l'hiver est à l'époque où la cataracte doit le plus exciter la curiosité, et commander l'admiration. Pendant cette saison, les glaces s'accumulent au fond du précipice, et forment d'immenses montagnes et d'énormes glaçons que l'on prendrait pour les colonnes d'un édifice grossier ; ils sont, en plusieurs endroits, suspendus à la partie supérieure du précipice, et paraissent atteindre le fond du gouffre.

En quittant ce lieu, l'auteur et ses guides traversent le bois qui borde les cataractes et ils gagnent les champs, d'où il se dirigent, en suivant un petit sentier sinueux d'un mille de long, vers un endroit du coteau par où l'on descend au pied de la grande cataracte. La rivière est bordée, dans l'espace de plusieurs milles au-dessus du précipice, de coteaux escarpés formés de terres et de rochers qu'il est impossible de monter ou de descendre, excepté en deux endroits où des masses se sont détachées, et où l'on a placé à chaque brèche une échelle pour la commodité des voyageurs. La première que l'on rencontre le long de la rivière, en partant de la cataracte du Fer-à-Cheval, s'appelle l'échelle des Indiens, parce que ce sont eux qui l'on construite. Ces échelles, car il y en plusieurs de placées les unes au-dessus des autres, sont tout uniment de grands sapins, le long desquels on a pratiqué des entailles pour poser le pied.

Arrivé au pied du coteau, on se trouve au milieu d'un prodigieux amas de rochers qui ont été détachés en totalité ou en partie. Ces derniers, couverts de sapins et de cèdres sont suspendus sur la tête du voyageur, et menacent de l'écraser. Plusieurs de ces arbres ont la tête en bas, et ne tiennent au coteau que par leurs racines ; mais celles-ci sont si fortement attachées, que lorsque la masse de terre qui les soutenait s'est éboulée, les arbres sont restés suspendus. La rivière n'a, à cet endroit, qu'un quart de mille de largeur, et sur la rive opposée on voit parfaitement bien la cataracte du fort Schloper dont la partie inférieure est enveloppée d'une écume blanche comme du lait, qui sort à gros bouillons du sein des rochers ;

mais elle ne s'élève pas au-dessus en forme de nuage, comme celle de la cataracte du Fer-à-Cheval, elle va tomber en pluie de l'autre côté de la rivière. On voit sur les bords de la rivière, une prodigieuse quantité de squelettes de poissons, d'écureuils, de renards et d'autres animaux qui ont été surpris et entraînés par le courant au-dessus des cataractes, précipités dans le gouffre, et jetés ensuite sur le rivage. On voit également des arbres, des pièces de bois que le courant a détachés des moulins à scier, et qu'il a entraînés dans le précipice; ainsi que les carcasses des animaux, et particulièrement les gros poissons, paraissent avoir infiniment souffert par les chocs violents qu'ils ont éprouvés en traversant le précipice. L'odeur insupportable de ces matières putrides répandues sur le rivage, attire une foule d'oiseaux de proie que l'on voit sans cesse planer sur les lieux.

En suivant un chemin difficile, raboteux et quelquefois dangereux, on peut arriver au pied de la grande cataracte, et même s'avancer derrière cette prodigieuse nappe d'eau, parce que le rocher du haut duquel elle se précipite a une forte saillie en avant, et que la chaleur occasionnée par la violente ébullition des eaux, a creusé, dans la partie inférieure, des cavernes profondes qui s'étendent fort au loin sous le lit de la partie supérieure de la rivière. Notre voyageur s'avança de cinq ou six pas derrière la nappe d'eau, afin de jeter un coup-d'œil dans l'intérieur de ces cavernes; mais il fut presque suffoqué par un tourbillon de vent; ce vent règne constamment et avec furie au pied de la cataracte; il est occasionné par les chocs violents de cette prodigieuse masse d'eau contre les rochers. L'auteur assure qu'aucune expression ne peut donner une idée juste des sensations que l'on éprouve à la vue d'un spectacle aussi imposant. Le bruit effrayant des vagues se brisant contre les rochers, inspire une terreur religieuse qui accroît encore, lorsqu'on réfléchit qu'un souffle de ce tourbillon pourrait enlever de dessus le rocher glissant celui qui s'y trouve placé, et le précipiter dans le gouffre, dont aucune force humaine ne pourrait le retirer.

Depuis que les cataractes du Niagara ont été découvertes, elles se sont considérablement reculées, à cause des parties de rochers qui se sont successivement détachées du précipice, par l'action constante des eaux. Les parties inférieures cèdent les premières, et les autres se trouvant minées et sans appui, finissent par succomber sous le poids qui les accable.

LE LAC ÉRIÉ.

A une journée de marche des cataractes, on trouve le lac Érié, dont la longueur est de trois cents milles, et la largeur de quatre-vingt-dix. Les bords du lac sont d'une hauteur très inégale. En quelques endroits ce sont des montagnes escarpées, qui s'élèvent perpendiculairement au-dessus du bord de l'eau ; dans d'autres, la terre est si basse et si plate, que lorsque les eaux montent au-dessus de leur niveau ordinaire, le pays est inondé, sur une étendue de plusieurs milles.

On trouve à l'extrémité occidentale de ce lac une grande quantité d'îles très rapprochées les unes des autres. Les plus grandes ont quatorze milles de circonférence, et les plus petites n'ont pas quatorze verges ; mais elles sont toutes couvertes d'arbres de plusieurs espèces, particulièrement de très beaux chênes noirs et de cèdres rouges. Ces îles sont toutes au niveau des eaux du lac, on n'y aperçoit aucune colline, elles ont l'air d'avoir été couvertes par des inondations, et plusieurs d'entre elles ont dans leur intérieur de vastes marais.

On trouve dans ces îles beaucoup de lapins et d'écureuils. Quelques ours y passent une partie de l'hiver, lorsque le lac est pris entre les îles et le continent, mais ils n'y restent pas. Toutes ces îles sont infestées de serpents, et ceux à sonnette y sont si nombreux, qu'il est dangereux d'y débarquer en été. Le serpent à sonnette est beaucoup plus gros, en proportion de sa longueur, que ne le sont les autres serpents. Cette grosseur qui va en croissant, des deux extrémités vers le milieu du corps, lui donne la forme d'un triangle, son ventre étant extrêmement plat, et l'épine du dos plus élevée que toutes les autres parties de son corps. La sonnette, dont cet animal est pourvu, se trouve placée à l'extrémité de sa queue. Lorsque cet animal est blessé ou qu'il est en colère, sa peau présente à l'œil les plus brillantes couleurs, ce qui n'arrive jamais lorsqu'il est en repos. La dent qu'emploie cet animal pour ses fonctions ordinaires, n'est point celle avec laquelle il attaque son ennemi. Il se sert, dans cette occasion, de deux incisives et crochues qui sont fixées dans sa mâchoire supérieure, et dont la pointe est tournée vers l'intérieur. Lorsqu'il veut attaquer, il se redresse sur sa queue, jette sa tête en arrière, abaisse sa mâchoire inférieure, et s'élançant sur sa queue, il cherche, pour ainsi dire, à s'accrocher à son ennemi ; pour être en état de se redresser sur sa queue, il se lève en ligne spirale, sa tête placée au milieu. Il ne s'élance jamais que de la moitié de sa longueur.

La chair du serpent à sonnette est aussi blanche que celle du poisson le plus délicat, et elle est très estimée par ceux que la prévention n'empêche pas d'en manger. On en fait de la soupe que l'on dit être délicieuse et très nourrissante.

MŒURS ET USAGES DES INDIENS.

En quittant le lac Erié, l'auteur s'embarqua sur la rivière de Détroit pour se rendre à la ville du même nom, dont les deux tiers des habitants sont Français d'origine. A peu de distance de la ville de Détroit, il trouva le lac Michigan de deux cents milles de longueur et de soixante de largeur, et le lac Huron dont la circonférence est d'un millier de milles. La communication de ces lacs se fait pour celui de Saint Clair et par la rivière de Détroit.

Le sol du pays qui borde la rivière de Détroit, est assez fertile et donne d'excellentes moissons de maïs et de froment. Le climat est plus sain que celui des environs de la rivière de Niagara.

C'est dans la ville de Malden que le gouvernement anglais fait tous les ans au mois de septembre, distribuer au nom du roi des présents aux Indiens qui habitent cette partie du pays pour s'assurer leur affection ; ces présents se composent de couvertures, d'étoffes de couleur bleue, brune et écarlate, de toiles de coton à grands dessins ; de grands rouleaux de tabac, de fusils, de pierres à fusils, de poudre, de balles, de menu plomb, de couteaux à gaîne, de peignes de cornes ou d'ivoire, de miroirs, de haches de guerre, de ciseaux, d'aiguilles, de sacs de vermillon, de vases de cuivre et de fer, le tout évalué à cinq cents livres sterling.

Notre voyageur assista à une de ces distributions. Le jour fixé se trouva être un des plus beaux de la saison. On avait fait d'avance toutes les dispositions préliminaires.

Autour de la principale cour de la maison de celui qui est à la tête du département des affaires concernant les Indiens, étaient rangés différents poteaux, chacun avec une étiquette, désignant le nom de la tribu, et le nombre des individus dont elle se composait. Les ballots ayant alors été

ouverts; les commis coupèrent les couvertures et les étoffes
de laines et de coton, en coupons assez grands pour envelopper le corps, et en faire une chemise, des pantalons, etc.,
etc. Tous ces morceaux furent jetés en morceau au pied du
poteau de la tribu pour laquelle ils étaient destinés. Précé-
demment, un certain nombre de chefs pris dans chaque tribu,
avaient apporté au département un faisceau de petits morceaux de bois de cèdre, de la grosseur d'un crayon de por-
tefeuille, sur lesquels étaient marqués le nombre des individus qui espéraient avoir part aux présents de leur *grand-père*.
(c'est-à-dire le roi). Ces morceaux de bois étaient de lon-
gueurs différentes; les plus longs désignaient le nombre des
guerriers de chaque tribu; ceux qui venaient ensuite indi-
quaient celui des femmes, et les plus petits celui des enfants.

Les préparatifs étant achevés, on dit aux chefs d'assembler
leurs guerriers dispersés dans les environs; en quelques
minutes ils arrivèrent, et après les avoir rangés en cercle
autour de lui, le gouverneur leur fit un discours analogue à
la circonstance, cérémonie qui doit toujours accompagner
toute espèce d'affaires avec les Indiens. Il leur dit : « Que
» leur bon père, leur grand-père, qui demeure de l'autre
» côté du grand lac, (voulant dire le roi), toujours attentif
» au bonheur de tous ses fidèles sujets, avait, avec sa bonté
» ordinaire, envoyé les présents qu'ils voyaient devant eux,
» à ses bons enfants les Indiens; qu'il y avait des fusils, des
» haches et des munitions pour les jeunes gens, et des habits
» pour les vieillards, les femmes et les enfants; qu'il espé-
» rait que les premiers n'emploieraient pas les instruments

» de guerre contre des ennemis, mais seulement contre des
» animaux ; qu'il leur recommandait de respecter les vieil-
» lards, et de partager généreusement avec eux les produits
» de leur chasse ; qu'il espérait que le grand esprit leur ac-
» corderait de beaux jours, des nuits claires et une saison
» favorable pour chasser ; et que lorsque l'année serait ré-
» volue, il ne manquerait pas, s'ils continuaient d'être ses
» bons enfants, de renouveler ses bontés à leur égard, en
» leur envoyant encore d'autres présents. »

Ce discours fut prononcé en anglais, mais chaque tribu
avait son interprète particulier qui lui en répétait les para-
graphes les uns après les autres, et à la fin de chacun, les
Indiens témoignaient leur satisfaction par cette exclamation :
ho ! ho ! Le discours achevé, les chefs eurent ordre de s'a-
vancer, et furent conduits vers les poteaux portant les noms
de leurs tribus respectives, et on leur remit les présents qui
leur étaient destinés. Ceux-ci, en les recevant, témoignèrent
leur reconnaissance ; ensuite sur un signal qu'ils firent à
leurs guerriers, un nombre de jeunes gens sortirent de la
foule et en moins de trois minutes, les présents furent enle-
vés et transportés à bord des canots ; et delà, dans l'île et
les villages adjacents. Les Indiens se conduisirent avec ordre
et décence ; on n'entendit pas le plus léger murmure. Il n'y
eut pas le plus petit différend entre eux pour le partage, et
pas le moindre symptôme de jalousie entre les diverses tribus, sur la nature et la qualité des présents échus à chacune
d'elles.

Les Indiens, dans le Canada, ont tous les cheveux longs,

droits et noirs ; ils ont de petits yeux noirs, la pommette des joues élevée, le nez mince, pointu et presque aquilin. Leurs dents sont très belles et leur haleine parfaitement douce. On rencontre rarement parmi eux quelqu'un de difforme ; leur démarche est assurée et fière, plusieurs même ont beaucoup de dignité, presque tous ont une taille au-dessus de la moyenne et passeraient en tout pays pour de beaux hommes.

Les femmes au contraire, ont un extérieur très désagréable, elles marchent les pieds en dedans ; et deviennent excessivement grasses en vieillissant.

Des moccassins ou souliers fait de peaux de daim, d'élan ou de buffle, des espèces de bas d'une étoffe écarlate ou bleue, disposés de manière à coller comme des pantalons, et montant depuis le coude-pied jusqu'à mi-cuisse ; une ceinture à laquelle est suspendue une poche qui contient du tabac et un couteau ou scalpel ; voilà ce qui compose l'habillement de ces Indiens, lorsqu'ils sont en courses. Lorsqu'ils veulent se parer pour visiter leurs amis, ils portent une chemise courte de toile de coton grossière, chamarrée de couleurs vives et tranchantes, une espèce de manteau d'une seule pièce d'étoffe extrêmement large, ou bien une sorte d'habit très ample ressemblant un peu à une redingote. Le manteau est plus en usage ; ils attachent une des extrémités autour des reins avec une ceinture, ils ramènent le reste sur les épaules et l'attachent sur la poitrine avec une brochette, ou bien ils tiennent les deux bouts dans la main gauche

Les femmes sont vêtues à peu près de la même manière,

elles portent également des moccassins, des pantalons, des chemises courtes et une couverture sur les épaules, mais elles ne l'attachent point autour du corps et la laissent tomber assez bas pour leur couvrir les jambes. Elles portent un petit jupon fort étroit qui ne leur descend qu'aux genoux. Lorsqu'elles se parent, elles couvrent entièrement le haut de leur chemise attachée au col, de petites plaques d'argent, de la forme d'une pièce de six sous, et elles mettent une immense quantité de rubans de diverses couleurs derrière la tête, sur leurs cheveux qu'elles laissent tomber jusqu'aux talons ; elles portent aux oreilles et aux poignets, des anneaux d'argent ; ceux des oreilles sont en général très petits, mais le nombre en est illimité ; pour les faire entrer, elles se percent l'oreille de plusieurs petits trous et quelquefois même tout autour. Les hommes portent des pendants d'oreilles tous différents : ce sont des pièces d'argent rondes, minces et plates, à peu près de la grosseur d'un dollar, et percées à jour. Quelques tribus attachent une grande importance au choix de cet ornement et n'en porteraient pas d'une autre espèce que celle qu'ils ont adoptée. Dans certaines tribus, les hommes au lieu de se percer l'oreille, en fendent le bord, du haut en bas, et lorsque la plaie est sèche, ils fond descendre la peau autant que possible en y attachant des poids très pesants. Quelques-uns d'entre eux font cette opération si habillement, qu'ils parviennent à donner à leurs oreilles la forme d'un arc qui tombe sur leurs épaules, et à chaque bout duquel pendent de larges anneaux. Pour empêcher que cette peau si tendue ne se déchire, ils la soutiennent avec du fil d'archal, et néanmoins elle se déchire souvent dans leurs fréquentes querelles.

Quelques hommes suspendent aussi des anneaux à leur nez, mais cet usage n'est pas général. Les chefs et les principaux guerriers portent sur la poitrine des plaques d'argent, des coquilles de mer, etc., etc. Ils ont encore pour ornement une large boucle d'argent, ou un bracelet de même métal, attaché avec une touffe de poils coupés au genou d'un buffle et teint en écarlate Cette marque d'honneur. se place au-dessus du poignet, et nul ne peut s'en décorer, s'il n'a s'est signalé sur le champ de bataille.

Lorsque les Indiens vont à la guerre, ils cherchent à se rendre aussi horribles que possible et ils y réussissent à merveille. Après s'être frotté le corps de graisse, ils se peignent avec du rouge, du noir et du blanc, de sorte qu'ils ressemblent beaucoup plus à des diables qu'à des créatures humaines. Ils portent toujours sur eux un petit miroir afin de remettre des couleurs lorsqu'il en manque. Ils passent beaucoup de temps à leur toilette et ne s'occupent guère d'embellir leurs habitations vraiment misérables. Quelques-unes sont construites avec des souches, à peu près de la même manière que les maisons ordinaires des États-Unis ; mais la plupart sont faites de l'écorce de bouleau. Ils dépouillent un arbre avec tant d'adresse, que souvent ils en enlèvent d'une seule pièce toute l'écorce. La charpente de ces huttes est en poutres déliées, sur lesquelles ils fixent les morceaux d'écorce avec des filaments de jeunes arbres. Si l'ouvrage est bien fait, une telle demeure met parfaitement à l'abri des injures de l'air. Quelques-unes de ces huttes ont, de chaque côté, des murs ou parois, des portes, et une ouverture pratiquée au milieu du toit pour laisser échapper la fumée. D'autres sont ouvertes d'un côté, et ne sont que de mauvais hangars. Lorsque l'on en construit de cette dernière forme, on les dispose ordinairement, quatre à quatre, le côté ouvert donnant dans l'intérieur du carré, au milieu duquel on allume un feu qui sert en commun; mais il est affreux de les habiter dans un hiver rigoureux. Plusieurs tribus Indiennes n'ont aucune résidence ; elles se transportent d'un lieu à un autre, et dans la saison de la chasse, elles forment des camps dont les huttes peuvent à peine garantir de la neige ou de la pluie. La chasse commence à la chute des feuilles, et finit à la fonte des neiges.

Dans le fort de l'hiver, les Indiens se construisent des huttes avec la neige même, lorsque la gelée l'a rendue solide, et celle qui forme le toit, est soutenue par une claie. Une telle habitation met parfaitement à l'abri du vent, et un lit de neige n'est pas désagréable. Pour accoutumer les soldats à camper de cette manière, le gouverneur de Québec envoyait régulièrement une partie des troupes passer le mois de février dans les forêts. On plaçait de jeunes officiers à la tête du détachement auquel on joignait deux ou trois personnes au fait de la construction des huttes, et sans le secours desquelles plusieurs individus auraient péri de froid. Lorsqu'on est ainsi campé, on a soin de ne dormir que les pieds tournés vers le feu.

Pour tout ustensile de ménage, les Indiens ont une ou deux chaudières de cuivre ou de fer. qu'ils se procurent par le commerce, s'ils se trouvent dans le voisinage de quelque marchand, et s'ils en sont éloignés, ils se contentent de quelques pots de pierre, de cuillers et de plats de bois qu'ils font eux-mêmes. On trouve, dans les parties intérieures du nord de l'Amérique, une pierre molle, appelée *pierre à savon* que les Indiens travaillent sans peine, elle est douce à toucher et on la coupe au couteau comme un morceau de pâte. Cependant, malgré sa mollesse, elle résiste au feu aussi bien que du fer. La pierre à savon est couleur du café au lait.

FIN.

Limoges.— Typ. F. F. Ardant frères.

Milton Keynes UK
Ingram Content Group UK Ltd.
UKHW030138120324
439192UK00007B/521